westermann

ZEIT FÜR GESCHICHTE

Geschichts- und Erinnerungskultur

Niedersachsen
Qualifikationsphase

Mythos Oktoberrevolution
Dr. Wolfgang Piereth

Nationale Gedenk- und Feiertage in verschiedenen Ländern
Dr. Jelko Peters

Mit Beiträgen von
Prof. Dr. Ulrich Baumgärtner
Christian Große Höötmann
Utz Klöppelt

Herausgeber der Reihe
Prof. Dr. Ulrich Baumgärtner

ZEIT FÜR
GESCHICHTE

Geschichts- und Erinnerungskultur

Niedersachsen
Qualifikationsphase

© 2024 Westermann Bildungsmedien Verlag GmbH, Georg-Westermann-Allee 66, 38104 Braunschweig,
www.westermann.de

Druck A[1] / Jahr 2024
Alle Drucke der Serie A sind im Unterricht parallel verwendbar.

Redaktion: Christoph Meyer
Druck und Bindung: Westermann Druck GmbH, Georg-Westermann-Allee 66, 38104 Braunschweig

ISBN 978-3-507-36892-7

INHALT

M 1 *Einheitsfeier vor dem Reichstagsgebäude in Berlin*
Foto, 3. Oktober 1990

M 2 *Feier zum 98. Jahrestag der Oktoberrevolution auf dem Roten Platz in Moskau*
Foto, 7. November 1915

Geschichts- und Erinnerungskultur

„Geschichte" kann vieles sein: Ereignisse in der Vergangenheit, die Erzählungen darüber oder auch nur unsere Vorstellungen davon. Da wir das vergangene Geschehen aber niemals direkt erfassen können, ist „Geschichte" immer nur eine mithilfe von Quellen vorgenommene Konstruktion. Die kritische Interpretation der überlieferten Zeugnisse bildet dabei die Grundlage unseres historischen Wissens. Jede Zeit entscheidet immer wieder aufs Neue, welche Ausschnitte aus der Vergangenheit für sie bedeutsam sind oder auch neu gedeutet werden. Veränderungen in der Gegenwart wirken sich somit auch immer auf den Blick auf die Vergangenheit und die historische Erinnerung aus.

Historische Erinnerung gibt Orientierung. Sie ermöglicht den Blick auf zurückliegende Epochen und somit auch auf das Werden heutiger Gesellschaften. Sie kann einen Erfahrungsschatz erschließen, der das (politische) Handeln beeinflusst, auch wenn sich konkrete Situationen nie exakt wiederholen und somit eine Handlung nie dieselben Konsequenzen haben kann wie in der Vergangenheit. Zudem trägt die historische

Erinnerung zur Identitätsbildung bei: Sie hilft, sich seiner Herkunft und Zugehörigkeit zu einer Gemeinschaft bewusst zu werden.

Geschichte tritt uns nahezu überall entgegen und fordert uns zur – mehr oder weniger bewussten – Auseinandersetzung heraus. Die Begegnung mit der Geschichte vollzieht sich für Lernende also nicht nur im Geschichtsunterricht: Durch Gedenk- und Feiertage, Erinnerungsorte, Museen, Denkmäler, Fernseh- und Filmproduktionen, öffentliche Kontroversen um Deutungen von Geschichte, Geschichtsbilder im kollektiven Bewusstsein einzelner Gruppen oder Nationen und durch vieles andere mehr ist die Geschichts- und Erinnerungskultur ein wesentlicher Bestandteil des gesellschaftlichen Lebens.

Über die Auseinandersetzung mit Beispielen gegenwärtiger oder bereits zurückliegender Geschichtskultur besteht die Möglichkeit, den Konstruktcharakter der verschiedenen Formen der Erinnerung zu begreifen, die Erinnerungsformen in ihren Funktionen zu bewerten sowie Geschichte in komplexen Formen darzustellen.

Leitfragen

- **Welche Deutungen enthalten die zu untersuchenden Geschichtsdarstellungen? Wie sind die darin enthaltenen Konstruktionen zu bewerten?**

- **Wie wird der Umgang mit Geschichte sowie den damit verbundenen spezifischen Formen der Erinnerung gestaltet? Wie lassen sich die Intentionen solcher Rekonstruktionsprozesse bewerten?**

- **Was bedeutet das Postulat der Wahrheitsfähigkeit von Geschichte? Wie lässt sich die (Deutungs-)Offenheit historischer Prozesse zu beurteilen?**

Kernmodul:
Geschichts- und Erinnerungskultur

Erinnerung im Alltag

Jeder Mensch lebt mit seinen Erinnerungen – er denkt an seine Kindheit zurück, freut sich über schöne Erlebnisse und trauert über Verluste. Auf diese Weise macht er sich ein Bild seiner eigenen Lebensgeschichte und empfindet sein Leben als geglückt oder gescheitert. Private Erinnerungen werden in aller Regel mündlich weitergegeben, im Familien-, Freundes- und Bekanntenkreis erzählt. Ein bis zwei Generationen nach dem Tod eines Menschen verlieren sich die auf diese Weise übermittelten Informationen jedoch meist wieder. Eine solche mündliche Weitergabe von erinnerten Erlebnissen wird als „kommunikatives Gedächtnis" bezeichnet.

Persönliche Erinnerungen sind aber nicht immer nur persönlich; Millionen von Menschen haben beispielsweise die Erfahrung des Zweiten Weltkrieges miteinander geteilt. Die einzelnen Erlebnisse dabei waren zwar individuell, gleichwohl gibt es vielfältige Überschneidungen und Ähnlichkeiten. In einem solchen Fall, in dem Erinnerungen von einer größeren Gruppe oder sogar von einer ganzen Gesellschaft geteilt werden, spricht man von einem „kollektiven Gedächtnis".

Als „kulturelles Gedächtnis" bezeichnet man Erinnerungen, die über die individuellen Erinnerungen der Zeitzeugen und ihrer Nachkommen hinaus dauerhaft bewahrt werden. Dazu genügt die mündliche Weitergabe nicht mehr, vielmehr bedarf es eigener Formen, die im größeren Rahmen wirken, z.B. schriftliche Darstellungen, Denkmäler, Filme, Kunstwerke, Mythen, Bauwerke oder Gedenktage. Um diese Vielfalt der Erscheinungsformen historischer Erinnerung zu erfassen, wurden in den 1990er-Jahren in der Forschung zwei Begriffe geprägt: „Erinnerungskultur" und „Geschichtskultur".

Erinnerungskultur

Mit dem Begriff der „Erinnerungskultur" wird die Aufmerksamkeit darauf gerichtet, wie und warum Gruppen und Gesellschaften Teile der Vergangenheit auswählen, um sie zum Beispiel durch Denkmäler, Ausstellungen oder Filme im öffentlichen Bewusstsein zu halten, und warum andere Inhalte vernachlässigt oder gar weggelassen werden. „Erinnerungskultur" wird dabei in der wissenschaftlichen Forschung als Oberbegriff „für alle denkbaren Formen der bewussten Erinnerung an historische Ereignisse, Persönlichkeiten und Prozesse" (Christoph Cornelißen) verstanden. Darunter fallen sowohl wissenschaftliche Auseinandersetzungen mit Geschichte als auch private Erinnerungen, sobald sie in irgendeiner Form öffentlich Spuren hinterlassen (zum Beispiel als Autobiografien).

Als Träger der Erinnerungskultur können einzelne Personen, soziale Gruppen oder auch ganze Nationen in Erscheinung treten. Dabei sind Konkurrenzen nicht auszuschließen, und auch ein Nebeneinander verschiedener Erinnerungskulturen ist denkbar. Öffentliche Erinnerungspraktiken (zum Beispiel offizielle Gedenktage) müssen keineswegs immer oder gar dauerhaft mit privaten Formen der Erinnerung übereinstimmen oder von allen gesellschaftlichen Gruppen angenommen werden.

Geschichtskultur

„Geschichtskultur" lässt sich ganz allgemein als die Art und Weise verstehen, wie eine Gegenwart sichtbar mit Geschichte umgeht. Auf den ersten Blick scheint es keinen entscheidenden Unterschied zwischen den Konzepten „Erinnerungs-" und „Geschichtskultur" zu geben. Auch unter Wissenschaftlern ist umstritten, ob sich die Konzepte voneinander unterscheiden: Manche vertreten die Auffassung, dass Befürworter des Konzeptes „Erinnerungskultur" die Frage nach Motiven und Zielen der Erinnerung, nach zielgerichteter Auswahl und ihrer Funktion für die Gegenwart stärker hervorheben. Andere wiederum sind der Meinung, dass beide Begriffe im weiten Sinne ein und dasselbe Phänomen beschreiben: die Formen der bewussten Erinnerung an historische Ereignisse und Prozesse.

M 3   Erinnerungskultur
Neu konzipierte Ausstellung „Verbrechen der Wehrmacht. Dimensionen des Vernichtungskrieges 1941–1944", Hamburg, 2004

4 Drei Formen von Gedächtnis

a) Die Kulturwissenschaftlerinnen Aleida Assmann und Ute Frevert unterscheiden drei Formen von Gedächtnis (1999). Das „kommunikative Gedächtnis" definieren sie wie folgt:

Das individuelle Gedächtnis ist das Medium subjektiver Erfahrungsverarbeitung. Wenn ich es mit Jan Assmann vorziehe, hier vom „kommunikativen Gedächtnis" zu sprechen,
5 so deshalb, weil wir die Suggestion vermeiden wollen, als handelt es sich dabei um ein einsames und rein privates Gedächtnis. Mit dem Soziologen Maurice Halbwachs gehen wir davon aus, dass ein absolut einsamer Mensch
10 überhaupt kein Gedächtnis ausbilden könnte. Denn Erinnerungen werden stets in Kommunikation, d. h. im Austausch mit Mitmenschen aufgebaut und verfestigt. Das Gedächtnis wächst also ähnlich wie die Sprache von au-
15 ßen in den Menschen hinein, und es steht außer Frage, dass auch die Sprache seine wichtigste Stütze ist. [...]
Das kommunikative Gedächtnis entsteht in einem Milieu räumlicher Nähe, regelmäßiger
20 Interaktion, gemeinsamer Lebensformen und geteilter Erfahrungen.
Persönliche Erinnerungen existieren nicht nur in einem besonderen sozialen Milieu, sondern auch in einem spezifischen Zeithori-
25 zont. Dieser Zeithorizont wird durch den Wechsel der Generationen bestimmt. [...]
Von der Ebene des persönlichen Gedächtnisses aus gesehen, zerfällt die homogene Konstruktion von „Geschichte" in eine Vielzahl
30 bruchstückhafter und widersprüchlicher Erfahrungen. Denn Erinnerungen sind so beschränkt und parteiisch, wie es die Perspektiven der Wahrnehmungen und die Formen ihrer Bewertung sind. [...] Diese Bewertun-
35 gen sind allerdings auch keine rein individuellen Schöpfungen, sondern lehnen sich wiederum eng an historische Schlüsselerfahrungen, gesellschaftliche Wertmaßstäbe und kulturelle Deutungsmuster an. Das bedeutet,
40 dass das individuelle Gedächtnis nicht nur in seiner zeitlichen Erstreckung, sondern auch in den Formen seiner Erfahrungsverarbeitung vom weiten Horizont des Generationengedächtnisses bestimmt wird. In diesem
45 runden sich die unterschiedlichen Einzelerinnerungen zu einem kollektiven Erfahrungshintergrund auf. Die explizit subjektiven Erinnerungen sind eingebunden in ein implizites Generationengedächtnis.

b) Zum „kollektiven Gedächtnis" schreiben sie:

Im kommunikativen Gedächtnis, das stets auf ein Generationengedächtnis bezogen ist, verschränken sich bereits individuelles und kollektives Gedächtnis. Von einem „kollektiven
5 Gedächtnis" im prägnanten Sinne soll jedoch erst auf einer zweiten Ebene die Rede sein. Diese Ebene wird erreicht, sobald gewisse Vorkehrungen für seine Bestandserhaltung über die natürlichen Zeitgrenzen seines Ver-
10 falls hinweg getroffen werden. Das kollektive Gedächtnis ist somit eine Steigerungsform des Generationengedächtnisses, das sich ohne entsprechende Maßnahmen mit dem Ableben seiner Träger immer wieder von
15 selbst auflöst. Wie wird das kollektive Gedächtnis zu einem generationenübergreifenden sozialen Langzeitgedächtnis? Die Antwort lautet: in Verbindung mit der Entstehung eines politischen Kollektivs, einer Solidarge-
20 meinschaft. Gedächtnis und Kollektiv unterstützen sich gegenseitig: Das Kollektiv ist der Träger des Gedächtnisses, das Gedächtnis stabilisiert das Kollektiv. Ein Beispiel hierfür sind die Nationen, die sich im 19. Jahrhundert
25 über ein solches Gedächtnis konstituiert und stabilisiert haben. Das kollektive Gedächtnis ist ein politisches Gedächtnis. Im Gegensatz zum diffusen kommunikativen Gedächtnis, das sich von selbst herstellt und wieder auf-
30 löst, ist es außengesteuert und zeichnet sich durch eine starke Vereinheitlichung aus.

c) Über das „kulturelle Gedächtnis" schreiben Aleida Assmann und Ute Frevert schließlich:

Oberhalb des kommunikativen und kollektiven Gedächtnisses ist als eine weitere Ebene das „kulturelle Gedächtnis" anzusetzen. Die Anordnung dieser drei Begriffe führt zu Stu-
5 fen immer höherer Integration und größerer Reichweite in Raum und Zeit. Wie das kollektive Gedächtnis wird das kulturelle Gedächtnis gebraucht, um Erfahrungen und Wissen über die Generationenschwellen zu transpor-
10 tieren und damit ein soziales Langzeitgedächtnis auszubilden. Während jedoch das kollektive Gedächtnis diese Stabilisierung durch radikale inhaltliche Engführung, hohe symbolische Intensität und starke psychische

15 Affektivität erreicht, stützt sich das kulturelle Gedächtnis auf externe Medien und Institutionen. Hier spielt die Auslagerung von Erfahrungen, Erinnerungen und Wissen auf Datenträger wie Schrift und Bild eine entscheidende
20 Rolle. Während die Medien für das kollektive Gedächtnis lediglich einen Signalwert haben und als reine Merkzeichen oder Appelle für ein gemeinsam verkörpertes Gedächtnis dienen – eine Inschrift auf dem Autokennzei-
25 chen, eine Jahreszahl als Graffito an einer Hauswand –, stützt sich das kulturelle Gedächtnis auf einen komplexen Überlieferungsbestand symbolischer Formen. Diese Medien des kulturellen Gedächtnisses umfas-
30 sen Artefakte [hier: von Menschen Geschaffenes] wie Texte, Bilder und Skulpturen neben räumlichen Kompositionen wie Denkmälern, Architektur und Landschaften sowie zeitliche Ordnungen wie Feste, Brauchtum
35 und Rituale.

Aleida Assmann/Ute Frevert, Geschichtsvergessenheit – Geschichtsversessenheit. Vom Umgang mit der deutschen Vergangenheiten nach 1945, Stuttgart: DVA 1999, S. 36 ff., 41 f., 49 (verändert).

 M 5   Was heißt Erinnerungskultur?

Der Historiker Christoph Cornelißen definiert den Begriff „Erinnerungskultur" (2003):

Es erscheint aus den genannten Gründen sinnvoll, „Erinnerungskultur" als einen formalen Oberbegriff für alle denkbaren Formen der bewussten Erinnerung an historische Er-
5 eignisse, Persönlichkeiten und Prozesse zu verstehen, seien sie ästhetischer, politischer oder kognitiver Natur. Der Begriff umschließt also neben Formen des historischen oder sogar antihistorischen kollektiven Gedächtnis-
10 ses alle anderen Repräsentationsmodi von Geschichte, darunter den geschichtswissenschaftlichen Diskurs sowie die nur „privaten" Erinnerungen, jedenfalls soweit sie in der Öffentlichkeit Spuren hinterlassen haben. Als
15 Träger dieser Kultur treten Individuen, soziale Gruppen oder sogar Nationen und Staaten in Erscheinung, teilweise in Übereinstimmung, teilweise aber auch in einem konfliktreichen Gegeneinander. Versteht man den
20 Begriff in diesem weiten Sinn, so ist er synonym mit dem Konzept der Geschichtskultur, aber er hebt stärker als dieses auf das Moment des funktionalen Gebrauchs der Ver-

gangenheit für gegenwärtige Zwecke, für die
25 Formierung einer historisch begründeten Identität ab. Sehr deutlich wird dies in den untergeordneten Begriffen der Erinnerungs-, Vergangenheits- oder Geschichtspolitik. Weiterhin signalisiert der Terminus Erinnerungs-
30 kultur, dass alle Formen der Aneignung erinnerter Vergangenheit als gleichberechtigt betrachtet werden, wohingegen der Terminus Geschichtskultur stärker auf die kognitive Dimension des Geschichtswissens abhebt.
35 Folglich werden Textsorten aller Art, Bilder und Fotos, Denkmäler, Bauten, Feste, Rituale sowie symbolische und mythische Ausdrucksformen, aber auch gedankliche Ordnungen insoweit als Gegenstand der Erinne-
40 rungskulturgeschichte begriffen, als sie einen Beitrag zur Formierung kulturell begründeter Selbstbilder leisten.

Christoph Cornelißen: „Was heißt Erinnerungskultur? Begriff – Methoden – Perspektiven"; in: Verband der Geschichtslehrer Deutschlands (Hg.), Geschichte in Wissenschaft und Unterricht Nr. 54 (ISSN: 0016-9056), Seelze: Friedrich 2003, S. 555.

1. ●●○ Arbeiten Sie die Definition von „Erinnerungskultur" des Historikers Christoph Cornelißen heraus.
→ Text, M5

2. a) ●●○ Erläutern Sie die Begriffe „Erinnerung", „Gedächtnis" und „Erinnerungskultur".
b) ●●○ Erstellen Sie ein Schaubild, aus dem die Beziehungen der verschiedenen Begriffe zueinander hervorgehen.
→ Text

3. a) ●●○ Bestimmen Sie den Unterschied zwischen kommunikativem, kollektivem und kulturellem Gedächtnis.
b) ●●○ Erläutern Sie anhand geeigneter Beispiele die Unterschiede und Gemeinsamkeiten.
→ Text, M4

Mythen, Stereotype und Feindbilder

Mythen

Der Kulturwissenschaftler Jan Assmann fasst Wesen und Funktion eines Mythos wie folgt zusammen: „Mythos ist eine Geschichte, die man sich erzählt, um sich über sich selbst und die Welt zu orientieren, eine Wahrheit höherer Ordnung, die nicht einfach nur stimmt, sondern darüber hinaus auch noch normative Ansprüche stellt und formative Kraft besitzt."

Ein Mythos ist eine sinnstiftende Erzählung, die versucht, Unbekanntes mit Bekanntem zu erklären. Indem der Mythos einzelne historische Sachverhalte nicht den Tatsachen gemäß interpretiert, sondern eine „mythische Lesart der Wirklichkeit" schafft, stellt er eine eigene Interpretation der Vergangenheit dar, bei der bestimmte historische Aspekte betont, andere dagegen vernachlässigt werden. Man kann einen Mythos als eine „Heroengalerie" und als „Leistungsschau" einer jeweiligen Gemeinschaft verstehen. Politische Mythen als verfestigte Geschichtsbilder heben im kollektiven Gedächtnis dasjenige hervor, was die jeweilige Gesellschaft bzw. Kultur für existenziell notwendig hält. Sie stellen eine Erklärung und Deutung historischer Vorgänge und eine Beglaubigung der grundlegenden Werte, Ideen und Verhaltensweisen von Gruppen dar. Ein politischer Mythos basiert somit letztlich auf einer „gemachten, erfundenen Erinnerung", da er die Vergangenheit zumindest stark idealisiert. In modernen Gesellschaften ist der Mythos eine zur Rationalität komplementäre Verarbeitungsform der Wirklichkeit.

In der Betrachtung der Wirkungsweise von Mythen lassen sich vier Hauptfunktionen unterscheiden:

Zunächst ist dem Mythos die Funktion der Sinnstiftung zu eigen. Mythen stellen in einer säkularisierten Welt einen Religionsersatz dar. Dies erklärt ihre Kraft und Bedeutung für moderne Gesellschaften: Wenn in einer säkularisierten, rationalen Welt die Orientierungs- und Sinngebungsmöglichkeiten der Religion nicht mehr wirken, so werden diese „Kosten" der Rationalisierung oftmals wieder durch Mythen kompensiert. Diese Sinngebungs- und Orientierungsfunktion ist insbesondere zu Krisen- und Umbruchzeiten von Bedeutung, sodass Mythen in diesen Phasen immer wieder eine Renaissance erleben.

Aus der Orientierungsfunktion ergibt sich im Weiteren die Integrationsfunktion: Durch die mythische Narration wird die Gemeinschaft zugleich Autor und Leser/Zuhörer ihrer eigenen Geschichte. Die mythische Erzählung verbindet eine Vielzahl von in der Vergangenheit und Gegenwart zerstreuten Sinngebungen, wobei Fremdbestimmtes und/oder andere Entwicklungen ausgeklammert werden. Politische Mythen integrieren soziale Gruppen zu einem Ganzen. Man trifft daher immer wieder auf mythische Erzählungen, die den Anfang bzw. den Zweck einer Gemeinschaft begründen.

Als Drittes ist die legitimierende Funktion zu nennen: Durch Mythos wird herrschaftliche Autorität begründet, gesellschaftliches Selbstbewusstsein gestärkt und es wird zum gemeinsamen Handeln animiert. Neben der Rechtfertigung politischer Herrschaft können auch soziale Unterschiede mythisch erklärt und gerechtfertigt werden. Schließlich sind Mythen auch für Ideologien nutzbar, die selbst mythologische Züge aufweisen (z. B. Kommunismus).

Dies führt zur vierten, zur emanzipatorischen Funktion: Mythen sind oft „janusköpfig", da sie einerseits konservativ sind, andererseits aber auch gewisse emanzipatorische Leistungen erbringen können, geht es doch immer um die Einbindung des Einzelnen in die politische Gemeinschaft.

Ausgehend von diesen vier grundlegenden Funktionen lassen sich politische Mythen in vier Kategorien einteilen. Es gibt a) Ursprungs- bzw. Gründungsmythen, b) Mythen, die zur Beglaubigung dienen, c) Mythen, die eine Katharsis bzw. Urkatastrophe beschreiben, und d) Verklärungsmythen. Der politische Gründungsmythos ist hierbei als „Oberkategorie" zu begreifen, da ein politischer Mythos über „den Ursprung einer politischen Ära und/oder eines abgegrenzten politischen Raumes" kündet. Die Ursprungs- und Gründungsmythen behandeln nicht irgendeine Person, irgendein Ereignis oder irgendeinen

M 6 *Mythos Hermann*
Das Hermannsdenkmal im Teutoburger Wald, eingeweiht 1875

Raum, sondern die besondere Person, die – laut Mythos – einen fundamentalen Beitrag zu Herausbildung eines Staates, einer Gemeinschaft geleistet hat, das besondere Ereignis, das als Schlüsselereignis für die Existenz dieser Gemeinschaft bzw. des Staates zu sehen ist, und den besonderen Raum, der wesentlich für die Definition des eigenen Territoriums ist.

Um die Wirksamkeit von politischen Mythen zu analysieren und damit einen Mythos als solchen zu erklären und zu entlarven, ist die Frage nach der Rezeption von erheblicher Bedeutung. Man kann die Wirksamkeit von Mythen auf zwei verschiedenen Ebenen untersuchen:

1. Da Mythen im kulturellen Gedächtnis verhaftet sind, kann ihre Wirkung an theoretischen Texten studiert werden, welche sich mit den betreffenden Mythen befassen.

2. Wesentliche Indizien für die Wirksamkeit von Mythen sind deren Verwendungshäufigkeit und Beständigkeit. Daher kann auch die jeweilige (Verwendungs-)Geschichte betrachtet werden: Tauchen Mythen immer wieder in einer historischen Erzählung auf, so bedeutet dies, dass sie von ihren Förderern internalisiert wurden und dass die Zielgruppe, in der Regel die Volksmasse, immer noch für sie empfänglich ist. Das „Überleben" eines Mythos ist also der deutlichste Hinweis auf seine Wirksamkeit. Der historischen Mythosforschung kommt daher die grundlegende Aufgabe zu, einzelne Mythen inhaltlich und in ihrer Entwicklungsgeschichte zu beschreiben sowie deren jeweilige Ausprägungen und Funktionen zu analysieren. Dafür ist es auch von Bedeutung, die „Erfinder" historischer Mythen und deren Ziele zu untersuchen, um die mit der Verbreitung eines politischen Mythos verbundenen spezifischen Intentionen zu erkennen.

Wichtig für den Erfolg von Mythen sind die Formen der Verbreitung sowie die beständige Wiederholung. Hierzu dienen unterschiedliche Medien: Mythen finden in künstlerischer Form Darstellung (z. B. Dichtung, Musik, Bilder, seit dem 20. Jahrhundert vor allem auch Filme), werden in politischer Propaganda verbreitet (z. B. Reden, Plakate) und in monumentaler Form als Denkmäler verewigt. Sie werden in Festen, Ritualen und Inszenierungen wiederholt und sind auch im Alltag präsent (z. B. Erzählung, Kinder-

spiel). Dabei können sich Mythen auch wandeln. Ihre Funktion erfüllen sie nur, wenn sie ein Bedürfnis von Menschengruppen widerspiegeln, und da sich diese Bedürfnisse gesellschaftlich und kulturell verändern, verändern sich auch die Mythen, oder sie verlieren ihren Einfluss.

Politische Mythen sind nicht einfach erbauliche Erzählungen, die zum Gegenstand historisch-philosophischer Studien werden können, wie das bei den Mythen der Antike der Fall ist. Eine wissenschaftliche Distanzwahrung ist nur bei bereits „erkalteten" Mythen möglich; „heiße" Mythen dagegen haben eine direkte Appellstruktur, sie sprechen ihre Adressaten an und nehmen sie in Anspruch. Es ist schwierig, sich ihrer Wirkung zu entziehen, zumal dann, wenn sie tief in die politische Wahrnehmung eingesickert sind, sodass sie Erfahrungsräume und Erwartungshorizonte beherrschen.

Stereotype und Feindbilder

Der Begriff „Stereotyp" bezeichnet ein festgelegtes Bild von einer Person oder einer Menschengruppe. Vom Vorurteil unterscheidet sich das Stereotyp durch eine geringere emotionale Beteiligung. Obwohl es sich bei Stereotypen um Auffassungen bzw. Behauptungen handelt, die einer rationalen Prüfung nicht standhalten, da sie der differenzierten Realität nicht entsprechen, können Stereotype ihre eigene Realität nach dem Prinzip der „selbsterfüllenden Prophezeiung" herstellen. Mit Mythen haben Stereotype gemeinsam, dass sie emotional aufgeladen sind, dass sie der kollektiven Abgrenzung von anderen und damit der Identitätsbildung oder Identitätsvergewisserung dienen und dass sie die Komplexität der Wirklichkeit durch Vereinfachung reduzieren. Stereotype werden wie Mythen gelernt und tradiert, sie beruhen nicht oder nicht vornehmlich auf eigenen Erfahrungen. Allerdings funktioniert die Tradierung nicht so systematisch wie bei Mythen: Stereotype werden im Regelfall nicht „in Stein gegossen" oder in Ritualen wiederholt, dafür aber sind sie stärker als Mythen in den Alltag integriert.

Es lohnt sich, einen Blick auf verschiedene Ausprägungen von Stereotypen zu richten. Dabei kann man vereinfacht von zwei Menschengruppen ausgehen, die miteinander in Kontakt stehen. Im Verhältnis der beiden Gruppen zuei-

M 7 *Mythos Ostalgie* *Zwickau, 2004*

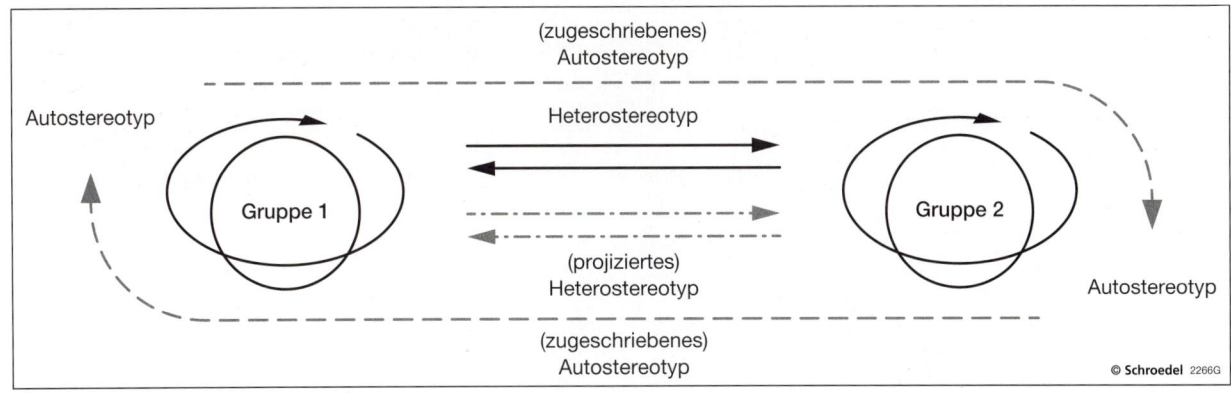

nander sind vier stereotypisch geprägte Vorstellungen und Wahrnehmungen zu unterscheiden.

Im abgebildeten Beispiel (oben) verfügen die Mitglieder von Gruppe 1 über ein Fremdbild („Heterostereotyp") bezogen auf die Mitglieder von Gruppe 2; umgekehrt entwickeln auch die Mitglieder von Gruppe 2 ein solches Heterostereotyp, bezogen auf die Mitglieder von Gruppe 1. Zugleich haben alle Gruppenmitglieder ein bestimmtes Bild ihrer eigenen Gruppe; diese Bilder werden als Selbstbild („Autostereotyp") bezeichnet. Komplizierter wird es, wenn man zu berücksichtigen versucht, was die Mitglieder von Gruppe 1 hinsichtlich des Selbstbildes der Mitglieder von Gruppe 2 annehmen (und umgekehrt). In diesen Fällen spricht man von „zugeschriebenen Autostereotypen". Schließlich lässt sich noch untersuchen, was die Mitglieder von Gruppe 1 dahingehend annehmen, wie die Mitglieder der Gruppe 2 sie wahrnehmen (und umgekehrt). Diese Betrachtungsweise wird als „projiziertes Heterostereotyp" bezeichnet.

Während Stereotype sowohl positiv als auch negativ besetzt sein können, ist das historisch aufgeladene Feindbild ein Begriff für in der Gesellschaft individuell und kollektiv vorhandene negative und oft auch gezielt abwertende Vorstellungen über bestimmte Personen, soziale Gruppen, weltanschauliche Gemeinschaften, Völker und Nationen. Der Feind wird als böse, grausam und hinterhältig betrachtet, was demjenigen, der ein solches Feindbild besitzt, ein positives Selbstbild verleiht. Feindbilder sind eindeutig dichotomisch geprägt, sie lassen keinen Platz für Differenzierungen, Zwischentöne oder rationale Argumentation. Feindbilder besitzen eine stark aggressive Komponente – der Feind darf, ja muss bekämpft, wenn nicht sogar

vernichtet werden, da er für das Eigene bedrohlich ist. Feindbilder werden in Konflikten und kriegerischen Auseinandersetzungen systematisch hergestellt oder verstärkt und propagandistisch eingesetzt, um den Gruppenzusammenhalt zu gewährleisten, um für die eigenen Ziele zu mobilisieren oder um eigene Handlungen zu legitimieren. Besonders deutlich ist die Rolle von Feindbildern an der Geschichte der beiden Weltkriege zu erkennen.

Für alle drei hier dargestellten Formen – Mythen, Stereotype und Feindbilder – gilt, dass sie Geschichte in besonders prägnanter Weise verkürzen, emotionalisieren und auf die jeweilige Gegenwart beziehen. Es ist daher kein Zufall, dass Mythisierungen und Feindbildproduktionen typischerweise in gesellschaftlichen Krisen- und Umbruchsituationen Konjunktur haben.

1. a) ●●○ Geben Sie die Mythos-Definition des Kulturwissenschaftlers Jan Assmann wieder und erläutern Sie ihre Bestandteile.
b) ●●○ Kennzeichnen Sie die Zusammenhänge zwischen Mythos und Geschichte unter Berücksichtigung vorhandener Unterschiede und Gemeinsamkeiten.
c) ●●○ Bestimmen Sie die unterschiedlichen Formen und Typen von Mythen und erklären Sie deren Wirkungsmächtigkeit.
d) ●●● Beurteilen Sie die Möglichkeiten, Mythen zu dekonstruieren.
→ Text

2. a) ●●○ Arbeiten Sie Gemeinsamkeiten und Unterschiede zwischen Mythen, Stereotypen und Feindbildern heraus und erstellen Sie ein Schaubild, das die Beziehungen der verschiedenen Begriffe zueinander verdeutlicht.
b) ●●● Analysieren Sie die Inhalte ausgewählter Stereotypen und Feindbilder und arbeiten Sie deren Intentionen heraus.
→ Text

M 1 *„Der Bolschewik"*
Ölgemälde von Boris Michailowitsch Kustodijew, 1920

M 2 **Militärparade anlässlich des 51. Jahrestages der Oktoberrevolution auf dem Roten Platz in Moskau**
Foto, 1968

Mythos Oktoberrevolution

Es gibt wohl kaum ein Ereignis in der modernen Geschichte, das so sehr von Mythen überlagert, verformt und verfälscht wurde wie die Machtübernahme der Bolschewiki 1917. Die „Große Sozialistische Oktoberrevolution" war der hochbedeutsame Gründungsmythos der Sowjetunion. Das Ereignis wurde jedes Jahr am 7. November mit einer großen Parade auf dem Roten Platz in Moskau gefeiert. Nach 1945 waren aufwendige Gedenkveranstaltungen auch in den sozialistischen „Bruderstaaten" regelmäßig Pflicht und Brauch. Für jeden „Sowjetmenschen" war dieses Ereignis die entscheidende Grundlage seiner politischen Orientierung und Identität. Aber auch im „kapitalistischen Westen" übernahm man fast unwillkürlich Versatzstücke dieses Mythos, allein schon, wenn selbstverständlich die Rede von der „Oktoberrevolution" war und ist (wie auch in diesem Kapitel) oder wenn man die – angeblichen – Bilder und Erzählungen der Revolution reproduzierte.

Das populäre Bild der Oktoberrevolution ist das eines blutigen Massenaufstands Zehntausender unter der resoluten und weitsichtigen Führung Wladimir Iljitsch Lenins (1870–1924). Ikonisch und zigtausendfach verbreitet sind die Schwarz-Weiß-Aufnahmen vom „Sturm auf den Winterpalast" in der Nacht des 25. Oktober 1917: Bewaffnete, uniformierte und zivile Massen stürmen auf das Winterpalais, die Hauptresidenz des Zaren in Sankt Petersburg, sie überwinden Barrikaden, Schüsse fallen, der Palast wird gegen erbitterten Widerstand erobert, die Bolschewiki und die von ihnen geleiteten „Volksmassen" triumphieren und übernehmen die

Macht. Mit etwas Fantasie – und genügend fehlendem Wissen – lassen sich hinter den Mauern des Palasts noch der Zar und seine Regierung vermuten, deren Herrschaft in dieser Nacht hinweggefegt worden seien.

Freilich: Nichts davon hat tatsächlich so oder auch nur so ähnlich stattgefunden. Die Eroberung des Winterpalasts glich eher der Übergabe eines Amtssitzes und war für den weiteren Verlauf nicht sonderlich bedeutend. Die gesamte Machtübernahme der Bolschewiki war ein unspektakulär verlaufender, aber taktisch raffinierter Staatsstreich, von dem in Sankt Petersburg kaum jemand etwas mitbekam und dem in den folgenden Wochen die meisten Menschen in Russland wenig Bedeutung und Chancen beimaßen. Hinter den Bolschewiki stand auch keineswegs eine Mehrheit der Bevölkerung. Selbst im innersten Führungszirkel der Partei gab es erbitterten Streit über den Weg zur Macht und den Umsturz vom 25. Oktober. Und der Zar war natürlich bereits in der Februarrevolution 1917 zurückgetreten, aber die Erinnerung an diesen bedeutenden politischen Umbruch ist bis heute vom gewaltigen Mythos der Oktoberrevolution verschattet.

Im Zentrum dieses Kapitels steht die Frage, wie aus dem Ereignis – der putschartigen Machtergreifung der Bolschewiki – der Mythos von der Großen Sozialistischen Oktoberrevolution werden konnte und was seine lang anhaltende Wirkung erklärt. Am Ende wird ein Blick auf das rasche Verblassen dieses Mythos nach dem Ende der Sowjetunion 1991 geworfen.

Leitfragen

- **Was sind die wesentlichen Kennzeichen und Merkmale des Mythos um die „Oktoberrevolution"?**

- **Wie verläuft die Entwicklung des Mythos und worin bestand und besteht sein spezifischer Beitrag zur Identitätsbildung bzw. -stiftung in der Sowjetunion und Russland?**

- **Wie lassen sich Formen und Inhalte des Mythos um die „Oktoberrevolution" dekonstruieren und bewerten?**

Das Ereignis – Die Oktoberrevolution 1917 und ihre Vorgeschichte

Das Zarenreich in der Krise

Das Zarenreich befand sich seit der Wende vom 19. zum 20. Jahrhundert in einer anhaltenden Staats- und Gesellschaftskrise. Man unterscheidet gemeinhin fünf große Problemfelder:

1. Die Bauern (immerhin fast 80 % der Bevölkerung) lebten in rechtlich und wirtschaftlich schwierigen Verhältnissen, eine dringend nötige Agrarreform wurde aber immer wieder aufgeschoben.

2. Das Land durchlief seit etwa 1900 eine späte, aber nun umso stürmischere Industrialisierung, deren Folgen allerdings sozial und rechtlich nicht abgefedert waren, sodass es in den dramatisch wachsenden Städten zu zahlreichen Hungerunruhen, Protesten und Streiks kam.

3. Das Zarenreich war ein Vielvölkerstaat. Seit der zweiten Hälfte des 19. Jahrhunderts wuchsen die Spannungen zwischen einzelnen Nationalitäten sowie zwischen dem russisch dominierten Zentrum und den Völkerschaften an der Peripherie des Imperiums.

4. Dieses riesige Imperium wurde nach einem Staats- und Gesellschaftsmodell des 17. Jahrhunderts regiert. Der Zar war als „Selbstherrscher von ganz Russland" bis 1905 ohne jede verfassungsmäßige Beschränkung. Insbesondere der letzte Zar, Nikolaj II. (1868–1918), war seinem Amt kaum gewachsen und lehnte jede Reform ab.

5. Die Belastungen, die der Erste Weltkrieg ab 1914 mit sich brachte, heizten diese vier Krisenherde zusätzlich an, denn das Zarenreich war einem langen Abnutzungskrieg nicht gewachsen.

Politische Opposition gegen den Zarismus

Angesichts der zahlreichen Krisen wuchs die politische Opposition gegen den Zarismus. Es ist für das Thema „Mythos Oktoberrevolution" sehr wichtig, zu verstehen, welche Rolle Lenins Bolschewiki in dieser Opposition bis zur Oktoberrevolution spielten und welche Bedeutung sie hatten. Zugespitzt kann man sagen: Die Bolschewiki waren noch Anfang 1917 eine kleine Splittergruppe radikaler marxistischer Berufsrevolutionäre. Ihr politisches Programm verstand kaum jemand, und insbesondere auf dem Land, wo die große Bevölkerungsmehrheit lebte, interessierte es auch kaum jemanden. Die Partei war in der russischen Gesellschaft nur schwach vernetzt. Viele ihrer führenden Köpfe hatten 1917 langjährige Haft, Verbannung und Exil hinter sich. Auch Lenin selbst kehrte erst im April 1917 – mit tatkräftiger Unterstützung des Deutschen Reiches – aus seinem Exil in der Schweiz zurück, wo er sich seit 1908 aufgehalten hatte.

Viel einflussreicher waren zu diesem Zeitpunkt andere oppositionelle Parteien und Gruppierungen: Das waren zum einen die Parteien, die das liberale Bürgertum und die reformbereite Aristokratie vertraten, insbesondere die sogenannten

M 1 *Feiern zum 300-jährigen Bestehen des Hauses Romanow in Moskau* Nikolaj II. Alexandrowitsch (1868–1918), Kaiser von Russland (1894–1917) mit Gemahlin Alexandra (1872–1918), den Töchtern und Sohn Grossfürst Thronfolger Alexej (hinter dem Kaiserpaar), Foto, 1913. Standort: Zentrales Revolutionsmuseum, Moskau.

„Kadetten" (eigentlich: Konstitutionelle Demokraten) und die konservativeren „Oktobristen". Sie waren bereits in der Februarrevolution von 1905 aktiv gewesen, die zu einer – allerdings oktroyierten, also vom Zaren „von oben" erlassenen – Verfassung und einer Volksvertretung („Duma") geführt hatte. Die Hoffnungen, die sich mit dieser politischen Öffnung verbunden hatten, machten der Zar und seine Regierung allerdings bald wieder zunichte, weil sie die Reformen Schritt für Schritt zurücknahmen oder abschwächten. Dies beschädigte nicht nur das Ansehen des Zaren, sondern auch das der liberalen Parteien. Insbesondere die breite Masse der notleidenden Arbeiter und Bauern sah sich von der bürgerlich-liberalen Opposition nicht mehr vertreten und wandte sich nun anderen, radikaleren Kräften zu, vor allem den Sozialrevolutionären und den Marxisten. Diese beiden Gruppierungen bildeten den anderen Teil der politischen Opposition im Zarenreich, auch Lenins Bolschewiki gehörten in dieses Feld.

Die Bolschewiki waren 1903 als Ergebnis einer Spaltung der – im Zarenreich noch verbotenen – Russischen Sozialdemokratischen Arbeiterpartei (RSDRP) entstanden. Auslöser für die Spaltung war eine Abstimmung über die Parteimitgliedschaft auf dem 2. Parteitag in London, bei der Lenin eine sehr enge Formulierung durchsetzte, um die RSDRP zu einer zentralisierten und konspirativen Partei von Berufsrevolutionären zu machen. Die in der Abstimmung am Ende siegreiche Mehrheit um Lenin nannte sich von nun an Bolschewiki (Mehrheitler), die unterlegene Minderheit hieß Menschewiki (Minderheitler). Die Mehrheitsverhältnisse in den Folgejahren widersprachen diesen Bezeichnungen eigentlich. Daher war es politisch töricht, dass die Menschewiki einen Namen akzeptierten, mit dem sie dauerhaft als „Minderheit" abgestempelt wurden.

Was Bolschewiki und Menschewiki von nun an unterschied, lässt sich vor allem an der Person Lenins festmachen. Sein unbedingter Führungsanspruch, sein kompromissloser Machtwille und seine skrupellose Entschlossenheit prägten die straff organisierten Bolschewiki entscheidend. Die Menschewiki hingegen operierten lange in eher losen Zirkeln und waren wegen ihrer viel breiteren Mitglieder- und Wählerbasis auch kompromissfähiger gegenüber anderen politischen Gruppierungen.

Info

Oktoberrevolution oder Novemberrevolution?

In Russland galt bis Anfang 1918 noch der Julianische Kalender. Er lief dem in West- und Mitteleuropa gebräuchlichen Gregorianischen Kalender im 20. Jahrhundert um 13 Tage nach. Die „Oktoberrevolution" fand daher nach russischem Kalender am 25. Oktober 1917 statt, in Westeuropa war das der 7. November 1917. Die sowjetische Regierung wechselte am 31. Januar/1. Februar 1918 um Mitternacht zum Gregorianischen Kalender, der nächste Tag war daher der 14. Februar 1918. – In dieser Darstellung werden innerrussische Ereignisse, die vor dem Kalenderwechsel stattfanden, im alten Stil datiert. Nur wenn es zum Verständnis notwendig ist, wird zusätzlich in Klammern das jeweils geltende westeuropäische Datum mit angegeben. Am Beispiel der Oktoberrevolution: 25.10.1917 (7.11.1917).

Letzteres galt auch für die Sozialrevolutionäre, die bis 1917 die größte Gruppierung in der linken Opposition bildeten. Die Sozialrevolutionäre waren zwar links, aber nicht marxistisch. Sie vertraten vielmehr eine spezifisch russische Form des (Agrar-)Sozialismus und setzten sich für die „kleinen Leute" in Stadt und Land ein, die Arbeiter, Bauern und Handwerker. Die Partei war 1917 trotz ihres schwachen Organisationsgrades mit über einer Million Mitgliedern die bedeutendste politische Kraft im Land; die Bolschewiki wuchsen zwar nach Februar 1917 stark, kamen aber zur Zeit des Oktoberumsturzes auf gerade einmal 200 000 Mitglieder.

Die Februarrevolution 1917, der Sturz des Zaren und die „Doppelherrschaft"

Im Februar 1917 entluden sich die Krisen des Zarenreichs in einer neuen Revolution. In den Großstädten des Landes gab es Massenstreiks, Proteste und Demonstrationen, auf dem Land besetzten Bauern Adelsgüter, die Armee an der Front begann sich aufzulösen und die Truppen in Petrograd liefen zu den Aufständischen über. Daraufhin trat der Zar am 2. März 1917 zurück, und damit endete nach über 400 Jahren die Zarenherrschaft.

M 2 *Wladimir Iljitsch Uljanow, Parteiname Lenin (1870 – 1924) Seine Dynamik bildete eine Voraussetzung für die Machtübernahme, Foto von 1918.*

Das politische Vakuum, das der Zar und seine ebenfalls zurückgetretene Regierung hinterließen, wurde nun durch eine eigentümliche „Doppelherrschaft" gefüllt: Diese übten die „Provisorische Regierung" einerseits und – als Selbstorganisation des „Volkes" – der Petrograder „Sowjet der Arbeiter und Soldaten" andererseits aus. Der Petrograder Sowjet war dabei nur einer von vielen basisdemokratischen „Räten", die nach der Februarrevolution im ganzen Land entstanden. Wegen seiner Nähe zur Macht kam ihm aber eine Leitfunktion zu. Er verzichtete zunächst auf eine Mitwirkung an der Regierung und behielt sich eine Art Kontroll- und Vetorecht vor. Beide Seiten – Regierung und Rat – arbeiteten aber in Kommissionen zusammen, um Lösungen für die anstehenden Probleme zu finden. Wichtig festzuhalten ist, dass zunächst weder der Petrograder noch die anderen Sowjets bolschewistisch gefärbt oder gar beherrscht waren. Viele Mitglieder waren parteilos, ansonsten dominierten Menschewiki und Sozialrevolutionäre die Sowjets. Die Losung „Alle Macht den Räten" musste also keineswegs gleichbedeutend sein mit einer bolschewistischen Machtübernahme; diesen Gleichklang hat erst der später aufgebaute Mythos erzeugt.

Die Provisorische Regierung, die andere Säule der „Doppelherrschaft", setzte sich zunächst überwiegend aus Vertretern der Konstitutionellen Demokraten (Kadetten) und der liberal-konservativen Oktobristen zusammen. Einziger Linker im Kabinett war der Justizminister Alexander Kerenskij (1881–1970), ein gemäßigter Sozialrevolutionär, der in der weiteren Entwicklung noch eine zentrale Rolle spielen sollte. Die Provisorische Regierung leitete ihre Legitimität nicht mehr vom Zaren ab. Staatsrechtlich gesehen, war dies ein entscheidender revolutionärer Schritt und viel bedeutsamer als der bolschewistische Putsch im Oktober. Die Provisorische Regierung machte allerdings wenig aus der Revolution, die sie an die Macht gebracht hatte. Sie verstand sich nur als Statthalterin einer erst noch zu wählenden Allrussischen Verfassungsgebenden Versammlung, die als wahre, gewählte Volksvertretung über die Zukunft des Landes entscheiden sollte. Diese Wahlen wurden jedoch immer wieder hinausgeschoben. Sie fanden schließlich erst am 12. November 1917 statt, und das war bereits nach der Machtübernahme der Bolschewiki, die diese demokratisch gewählte Versammlung dann auch prompt nach dem ersten Sitzungstermin auflösten.

Die abwartende Haltung der Provisorischen Regierung, ihr „Nichtstun", stieß in der Bevölkerung im Laufe der Zeit auf immer schärfere Kritik. Für viele Menschen standen Hunger, Arbeitslosigkeit, Armut, der nicht enden wollende Krieg, soziale Probleme und Ungerechtigkeiten im Mittelpunkt, nicht politische Debatten und Verfassungsfragen. So verlor die Regierung in

M 3   *Alexander Kerenski (1881–1970)*
Foto, um 1917

M 4   *„Doppelherrschaft"*
Der Petrograder „Sowjet der Arbeiter und Soldaten" im linken Flügel des Taurischen Palastes (ein im 18. Jahrhundert erbauter Adelspalast), 1917 (links); die Provisorische Regierung im rechten Flügel des Taurischen Palastes, 1917 (rechts)

zunehmendem Maße an Legitimität in der Bevölkerung. Um die aufgeheizte Stimmung zu beruhigen, traten im Mai 1917 weitere fünf Menschewiki und Sozialrevolutionäre in das Kabinett ein. Der bislang einzige linke Vertreter, der Sozialrevolutionär Alexander Kerenskij, übernahm das Kriegs- und Marineministerium, im Juli 1917 das Amt des Ministerpräsidenten. Damit verband die gemäßigte Linke ihr politisches Schicksal mit der Provisorischen Regierung. Als sich ab Sommer 1917 die Wirtschafts-, Versorgungs- und Kriegslage zunehmend verschlechterte, gelang es aber auch den linken Vertretern in der Regierung nicht mehr, die sich radikalisierende Basis in den Fabriken, Betrieben, Bauernhöfen und Schützengräben politisch bei der Stange zu halten.

Der Aufstieg der Bolschewiki und die Oktoberrevolution

Lenins Rückkehr aus dem Schweizer Exil nach Petrograd im April 1917 war für die weitere Entwicklung ein Schlüsselereignis. Direkt nach seiner Ankunft in Petrograd veröffentlichte er in der Prawda seine berühmt gewordenen „Aprilthesen", die zunächst auf heftigen innerparteilichen Widerstand trafen. Mit Einsatz und Überzeugungskraft gelang es ihm jedoch innerhalb weniger Wochen, die Bolschewiki auf seinen neuen Kurs festzulegen: ein in seiner Radikalität beispielloses Programm, die kompromisslose Konfrontation mit der Provisorischen Regierung und die scharfe Abgrenzung zu den anderen linken Parteien, Menschewiki und Sozialrevolutionäre vor allem. Die Revolution müsse jetzt in ihr nächstes Stadium getrieben werden, bis zum Sturz der Regierung und der Errichtung eines – natürlich bolschewistischen – Rätestaates. Damit stellte sich Lenin schroff gegen die bis dahin weit verbreitete marxistische Stadienlehre, wonach Russland noch nicht „reif" sei für eine proletarische Revolution und zunächst die bürgerliche Revolutionsetappe abschließen müsse.

Lenins Aprilthesen wurden im Laufe des Sommers 1917 zur Grundlage für die radikalen Forderungen der Bolschewiki: Sofortiges Friedensangebot an das Deutsche Reich und seine Verbündeten; Aufruf an alle Armeen zur Verbrüderung; allgemeine Volksbewaffnung statt der alten Armee; sofortige Enteignung der Großgrundbesitzer; Verstaatlichung von Grund und Boden sowie die Übergabe des Landes an die Bauern und die Landarbeiterräte; Verstaatlichung der Banken; Kontrolle der Betriebe durch die Belegschaft; nationales Selbstbestimmungsrecht für alle Nationalitäten und damit Öffnung des russländischen „Völkergefängnisses".

Dieses Programm versprach im Prinzip (fast) allen (fast) alles und machte Lenins Partei im Laufe des Sommers 1917 zu einem populistischen Sammelbecken der Unzufriedenen, Kriegsmüden und Verzweifelten. In dieser Zeit verstärkten die Bolschewiki ihren Einfluss in den Arbeiter- und Soldatenräten beträchtlich. Der Petrograder Sowjet wählte schließlich im September Lenins engen Vertrauten Leo Trotzki (1879 – 1940) zum Vorsitzenden. Damit war eine Säule der „Doppelherrschaft" unter die Kontrolle der Bolschewiki geraten, und das mit weitreichenden Folgen: Trotzki organisierte von seiner neuen Position aus ganz maßgeblich den Oktoberumsturz. Am 16. Oktober 1917 wurde unter seiner Federführung das Militärrevolutionäre

M 5 *Lenin bei seiner Ankunft aus dem Exil in Petrograd am 3. April 1917*
Foto eines zeitgenössischen Gemäldes

Komitee des Arbeiter- und Soldatenrats gegründet, mit dem er dem bevorstehenden Aufstand vorbereitete.

Im Juli 1917 war im Petrograd ein Aufstand gescheitert, an dem sich die Bolschewiki beteiligt hatten. Lenin floh daraufhin nach Finnland, während Kerenskij führende Bolschewiki verhaften ließ und die Parteizeitung Prawda verbot. Seit Mitte September 1917 drängte Lenin aus seinem finnischen Versteck seine Parteigenossen, einen bewaffneten Aufstand vorzubereiten. Diese Strategie war in der Partei freilich höchst umstritten. Im Kern ging es dabei um eine grundsätzliche programmatische Frage: Wie sollte der Weg an die Macht gestaltet werden? Etliche Mitglieder, vor allem die einflussreichen Genossen Lew Kamenew (1883–1936) und Grigorii Sinowjew (1883–1936), wollten einen friedlichen Übergang der Macht und möglichst alle revolutionären Kräfte des Landes daran beteiligen. Sie bezweifelten auch, dass die Bolschewiki bereits die Mehrheit der Gesellschaft hinter sich hatten. Ihnen war „der Gedanke zuwider, einen Staatsstreich ohne Mandat zu machen" (Dietrich Geyer). Deswegen warben sie für eine sozialistische Allparteienkoalition, also unter Einschluss der Menschewiki und der Sozialrevolutionäre.

Ihre Idee war, dass diese linke Allparteienregierung der Zweite Allrussische Rätekongress einsetzen sollte, der gerade für den 25. Oktober 1917 nach Petrograd einberufen worden war.

Lenin hingegen plädierte energisch für den sofortigen Aufstand der Bolschewiki und deren revolutionäre Machtübernahme, ohne Rücksicht auf den anstehenden Kongress, auf Mehrheitsfragen oder auf die Haltung anderer linker Parteien und der Gewerkschaften. Weiter zuzuwarten sei „vollendete Idiotie oder vollendeter Verrat". Die Frage liegt nahe und ist auch im Hinblick auf die anschließende Mythenbildung um die Oktoberrevolution sehr wichtig: Weshalb bestand Lenin so hartnäckig darauf, dass sich die Bolschewiki noch vor dem Rätekongress gegen die Provisorische Regierung erhoben? Schließlich war angesichts der Lage im Land, der zusammenbrechenden Regierung und des zunehmenden Einflusses der Bolschewiki in den Räten fest zu erwarten, dass der bevorstehende Rätekongress die bolschewistische Forderung einer Übergabe der Macht an die Räte unterstützen würde. Das hätte die Erhebung auf eine viel breitere Basis gestellt. Aber genau das lehnte Lenin entschieden ab. Warum wollte er unbedingt, dass die Partei (alleine) einen Umsturzversuch riskiert, der in einen Bürgerkrieg und eine militärische Niederlage münden konnte? Die Antwort ist: Weil Lenin die Macht alleine wollte, für die Bolschewiki und für sich. Jedes Koalitionsmodell hätte seine Kontrahenten in der Partei, vor allem Kamenew und Sinowjew, aufgewertet und sie zu zentralen Persönlichkeiten in einer Allparteienregierung gemacht. Lenin selbst wäre möglicherweise sogar ohne jedes Amt geblieben, denn die anderen Parteien lehnten ihn wegen seiner unversöhnlichen Radikalität ab. Deswegen musste er unbedingt noch vor dem Zusammentritt des Rätekongresses Fakten schaffen. Die endgültige Spaltung der Linken nahm er dabei ebenso in Kauf wie den bei seiner Strategie geradezu unausweichlichen Bürgerkrieg.

Lenin kehrte im Oktober aus seinem finnischen Versteck nach Petrograd zurück und berief für den 10. Oktober 1917 ein Geheimtreffen des Zentralkomitees (ZK) der Bolschewistischen Partei ein. Dort setzte er seine Strategie – bolschewistischer Umsturz noch vor Zusammentritt des Rätekongresses – mit zehn gegen zwei Stimmen (Kamenew und Sinowjew) durch. Eine für den 17. Oktober angesetzte Parteikonferenz

M 6 *Russland nach der Februarrevolution*
Demonstration von Soldaten gegen die Provisorische Regierung in Petrograd mit der Forderung „Nieder mit den zehn Kapitalisten-Ministern – alle Macht dem Sowjet der Arbeiter-, Soldaten- und Bauern-Deputierten", Foto, Juli 1917

wurde auf Drängen Lenins abgesagt; zweifellos befürchtete er, dass die dort versammelte Parteibasis seinen Plan einer bewaffneten Erhebung ablehnen würde.

Das Archivmaterial, das näheren Aufschluss über diesen parteiinternen Machtkampf geben könnte, ist allerdings bis heute nicht zugänglich. Klar ist aber, dass den Umsturz vom 25. Oktober 1917 kaum einer der führenden Bolschewiki und auch nur eine Minderheit der Parteianhänger tatsächlich haben wollte.

Am 25. Oktober 1917 besetzten bolschewistische Rote Garden wichtige Straßen und Plätze in Petrograd. Vielen Soldaten, die sich auf Weisung des von Trotzki geleiteten Militärrevolutionären Komitees der Operation anschlossen, war gar nicht klar, dass sie sich an einem bolschewistischen Umsturz beteiligten.

Die später so beeindruckend heroisch inszenierte Erstürmung des Winterpalasts war in Wirklichkeit eine Farce. Dort saßen noch einige Minister der Provisorischen Regierung, der Ministerpräsident Kerenskij war bereits zu loyalen Truppen geflohen. Zum Schutz der Regierung waren im Palast zwei Kosakenkompanien, einige Militärschüler sowie ein Frauenbataillon stationiert, alles in allem etwa 3000 Bewaffnete. Ihre Einsatzbereitschaft war allerdings gering. Die Kosaken waren verstimmt wegen der „bewaffneten Frauen" an ihrer Seite. Es gab kaum Munition und auch die Lebensmittel gingen aus. Noch vor dem „Sturm" des Palasts begaben sich 90 Prozent der Soldaten auf die Suche nach Essen in die Stadt und kehrten nicht mehr zurück. Aber auch auf der anderen Seite gab es Pannen: Der Angriff auf den Winterpalast sollte eigentlich mit dem Hissen einer roten Laterne und dem Schuss einer Kanone von der gegenüberliegenden Peter-Pauls-Festung eröffnet werden. Allerdings stürzte der bolschewistische Kommissar der Festung mitsamt Laterne in eine Schlammgrube, und die Kanone war museumsreif und verrostet. Schließlich gab das Schlachtschiff Aurora im Petrograder Hafen einen Signalschuss ab (keinen scharfen Schuss auf den Palast, wie später dargestellt). Größte Herausforderung für die Angreifer war die Orientierung in dem riesigen, verwinkelten Gebäude. Die verbliebenen Minister wurden verhaftet und vorläufig in ein Gefängnis gesteckt. Als man einen riesigen Weinkeller entdeckte, begann die

M 7   Das Smolny-Institut in Petrograd
Sitz des Petrograder Arbeiter- und Soldatenrates. Von hier aus wurde der Umsturz im Oktober organisiert, Foto, Oktober 1917.

Plünderung des Gebäudes. Die Verwüstungen im Palast, die viele Fotoaufnahmen dokumentieren, rühren daher, nicht von Kämpfen.

Man schätzt, dass sich an dem Putsch in ganz Petrograd ungefähr 25000 Menschen beteiligten, überwiegend als Wachen und Streikposten. Das waren etwa 5 % der Arbeiter und Soldaten in der Stadt. Abgesehen von der unmittelbaren Umgebung des Winterpalasts ging das Leben in Petrograd seinen gewohnten Gang. Straßenbahnen und Taxis fuhren, Geschäfte und Restaurants blieben geöffnet, Theater und Oper ebenfalls.

Leo Trotzki hat sich in seinen später im Exil verfassten Erinnerungen am Problem der lautlosen Machtübernahme abgearbeitet. Dort heißt es: „Dürftig und farblos sind die Berichte über die Episoden der Oktobernacht; sie gleichen einem Polizeiprotokoll. [...] Wo ist der Aufstand? [...] In Wirklichkeit hatte dieser von allen Aufständen in der Geschichte am stärksten den Charakter einer Massenbewegung. Die Arbeiter brauchten nicht auf die Straße zu gehen [...]. Den Soldaten war sogar untersagt, die Kasernen ohne Weisung zu verlassen [...]. Aber diese unsichtbaren Massen gehen mehr denn je im Gleichschritt mit den Ereignissen." – Auf „unsichtbare Mas-

M 8 „*Sturm auf das Winterpalais*"
Propagandagemälde, 1917

M 9 *Leo Trotzki (1879–1940)*
Militärischer Organisator der Oktoberrevolution, wurde von einem Agenten Stalins im mexikanischen Exil ermordet.

sen" ließ sich freilich kein Revolutionsmythos gründen, schon allein deswegen musste die Geschichte später anders erzählt werden.

In derselben Nacht vom 25. auf den 26. Oktober kam der Zweite Allrussische Rätekongress erstmals zusammen. Unter dem Eindruck des Angriffs auf die von ihnen gestützte Provisorische Regierung verließen die Abgeordneten der Menschewiki und eine rechte Fraktion der Sozialrevolutionäre die Versammlung unter Protest – das war ein unbegreiflicher politischer Fehler, den Lenin erhofft hatte. Seine Strategie ging auf, denn nun gelang es den Bolschewiki und den zu ihnen übergelaufenen linken Sozialrevolutionären leicht, den Umsturz nachträglich von einer scheinbaren Mehrheit absegnen zu lassen. Lenin proklamierte die Sozialistische Sowjetrepublik, die von einem neuen Rat der Volkskommissare geführt wurde. Er selbst übernahm den Vorsitz, Trotzki die auswärtigen Angelegenheiten.

Trotzki hatte den abziehenden Menschewiki und Sozialrevolutionären noch die berühmt gewordenen Worte hinterhergerufen: „Die Volksmassen sind unserem Banner gefolgt, und unser Aufstand hat gesiegt. Und jetzt schlägt man uns vor: Verzichtet auf euren Sieg, macht Zugeständnisse, Kompromisse. [...] Denen, die weggegangen sind, und denen, die solche Vorschläge [Bildung einer linken Allparteienkoalition] machen, sagen wir: Ihr seid elende Bankrotteure, ihr habt ausgespielt; schert euch hin, wohin ihr von nun an gehört: auf den Kehrrichthaufen der Geschichte!"

Schließlich verlas Anatoli Lunatscharski (1875–1933), der künftige Volkskommissar für Bildung und Kultur, unter dem Jubel der verbliebenen Delegierten Lenins Manifest „An alle Arbeiter, Soldaten und Bauern", in dem die „Macht der Sowjets" proklamiert und das Versprechen verkündet wurde, Land, Brot und Frieden zu bringen. Das war symbolisch wichtig, denn es schuf – wie schon Trotzkis Rede davor – die

Illusion, der bolschewistische Aufstand sei in Wirklichkeit eine „Revolution der Massen" und ein Übergang der Macht auf die Räte gewesen. Die Mythenbildung um den 25. Oktober begann in gewisser Weise noch am selben Tag.

Die Übernahme der Macht in der Hauptstadt war aber nicht gleichbedeutend mit ihrer Durchsetzung im gesamten Land. Vielerorts gab es Streiks (etwa der wichtigen Eisenbahnergewerkschaft Wikschel), Proteste und Sabotageakte gegen die Bolschewiki. Kaum jemand glaubte damals, dass sie sich länger an der Macht würden halten können. Und auch an den Wahlurnen zeigte sich bald, dass die neuen Machthaber keineswegs eine Mehrheit hinter sich hatten: Bei den immer wieder verschobenen Wahlen zur Verfassungsgebenden Versammlung am 12. November 1917 erhielten sie weniger als 25 % der abgegebenen Stimmen, am 6. Januar 1918 ließen sie die Versammlung nach nur einem Sitzungstag auflösen.

Die Machtsicherung der Kommunistischen Partei, wie sich die Bolschewiki seit März 1918 nannten, vollzog sich in den folgenden Jahren unter den gewaltigen Belastungen von Krieg und Bürgerkrieg (1918–1921), nationalen Abspaltungen, Hungersnöten und Versorgungskrisen, Bauernunruhen und Arbeiterstreiks, und war immer wieder begleitet von exzessiver Gewalt. All das braucht hier nicht weiter behandelt zu werden. Wichtig ist nur: Die Mythenbildung um die Oktoberrevolution war ein Bestandteil dieser Machtsicherung und Herrschaftsstabilisierung.

Тов. Ленин ОЧИЩАЕТ землю от нечисти.

 10

„Genosse Lenin säubert die Erde von Unrat"
Motiv eines Plakats, um 1920

1. **a)** ●●○ Stellen Sie die Oktoberrevolution und ihre Vorgeschichte in einer grafischen Darstellung wie Zeitstrahl, Mind Map, Wirkungsgefüge oder Concept Map dar.
   b) ●●○ Erläutern Sie die Anfänge und die Schwierigkeiten der Mythosbildung um die Oktoberrevolution.

   c) ●●○ Analysieren Sie das Gemälde „Sturm auf den Winterpalais" (M8) oder das Plakat „Genosse Lenin säubert die Erde" (M10) und arbeiten Sie den Beitrag der bildlichen Darstellungen zur Mythenbildung um die Oktoberrevolution heraus.
   → Text, M8, M10

Mythos Oktoberrevolution – Die Geschichte wird neu erzählt

Die offizielle Losung für die Jahrestagsfeiern der Machtübernahme durch die Bolschewiki lautete seit 1918: „Der Jahrestag soll ein Wiedererleben der Oktoberrevolution sein, [...] die Massen sollen den revolutionären Aufbruch von Neuem durchleben" (Parteizeitung „Isvestija", 25.9.1918). Kaum jemand in dem riesigen Land hatte im Oktober 1917 aber tatsächlich einen „revolutionären Aufbruch" erlebt; selbst in Petrograd hatten die wenigsten etwas von der bolschewistischen Machtergreifung mitbekommen. Was sollte man da „wiedererleben"? Die Inszenierung des „Sturms auf den Winterpalast" war die Antwort auf diese Frage.

Dabei hatten die Bolschewiki um Lenin zunächst gar nicht geplant, den Winterpalast zu einem „Hauptfokus des Revolutionsnarrativs" (Frederick Corney) zu machen. Im Gegenteil: Der Winterpalast stand in ihrer frühen Propaganda für die Dekadenz und Machtlosigkeit der Provisorischen Regierung; ihn zu „stürmen"

war aus diesem Blickwinkel wenig ruhmvoll. Erst 1920, im Umfeld des dritten Jahrestags der Machtergreifung, scheinen die Verantwortlichen sich entschlossen zu haben, die Geschichte ihrer Machtergreifung neu zu erzählen. Wie der Sturm auf die Bastille 1789 zum Symbol der Französischen Revolution geworden war, sollte nun der „Sturm des Winterpalasts" zum zentralen Ereignis der bolschewistischen Revolution gemacht werden.

Diese Erzählung verdichtete erfolgreich die Idee der bolschewistischen Revolution in einem einzigen Ereignis an einem einzigen Tag und wurde zum Gründungsmythos der Sowjetunion. Der Fokus lag dabei einerseits auf dem Sturz der korrupten und dekadenten „alten Ordnung", andererseits auf den Leistungen der Revolution: Der „Triumphzug der Sowjetmacht" hatte alle drängenden Probleme der Zeit gelöst. Die Bolschewiki führten das Kollektiv der „werktätigen Bevölkerung" auf Grundlage des historischen

 1 *Bildfälschung*

Als Lenin im Mai 1920 in Moskau eine Rede hielt, standen Leo Trotzki und Lew Kamenew auf den Stufen des Podestes. Stalin ließ eine Aufnahme später bearbeiten, sodass beide „verschwanden".

Materialismus in eine strahlende Zukunft. Die Oktoberrevolution markierte zugleich den Beginn einer unaufhaltsamen Weltrevolution, sie war daher das „größte Ereignis" und der „tiefgreifendste Umbruch" der gesamten Menschheitsgeschichte.

Der Mythos vermittelte die Revolution als eine Massenbewegung unter der umsichtigen Leitung der Bolschewiki und insbesondere Lenins, der zur unumstrittenen und souveränen Führungsfigur stilisiert wurde. Dafür wurden nicht nur die historischen Abläufe verfälscht, sondern es verschwanden aus dieser mythischen Erzählung auch zentrale Figuren der Bolschewiki, die sich gegen Lenin (oder später Stalin) gestellt hatten; sie wurden politisch und später oft auch physisch ausgelöscht, wie etwa Kamenew und Sinowjew (beide 1936 in Moskau hingerichtet) sowie Trotzki (1940 im mexikanischen Exil ermordet). Berühmt ist das im Auftrag Stalins manipulierte Foto einer Rede Lenins, auf dem Trotzki und Kamenew wegretuschiert wurden.

Die Oktoberfeiern verbreiteten sich nach dem Ende des Bürgerkriegs 1921 über das ganze Land und dauerten meistens mehrere Tage. Städte und Dörfer wurden zu diesem Anlass mit Plakaten und Transparenten geschmückt, es gab Fahnenweihen, Totenehrungen, Denkmalseinweihungen, Reden und Kundgebungen, meist auch militärische Paraden und organisierte Demonstrationen. Überall verbreitet waren die sowjetischen Ikonen (rote Fahne, roter Stern, Hammer und Sichel), die auf diese Weise als verbindliche Staatssymbole in der breiten Bevölkerung verankert wurden.

Es waren vor allem zwei künstlerische Inszenierungen in den 1920er-Jahren, die langfristig als Treiber des Mythos Oktoberrevolution wirkten: Nikolai Evreinovs Theaterstück „Sturm auf den Winterpalast" zum dritten Jahrestag der Revolution am 7. November 1920 sowie Sergej Eisensteins Film „Oktober – Zehn Tage, die die Welt erschütterten", der 1927 zum 10. Jubiläumstag entstand. Beide Werke erzeugten visuelle Eindrücke, die sich weltweit ins Bildgedächtnis einschrieben. Sie stellten den „Sturm" auf das Winterpalais in Petrograd ins Zentrum einer neu erzählten Revolutionsgeschichte, die rasch zur verbindlichen Interpretation der Oktoberrevolution wurde und dies bis in die 1980er-Jahre blieb.

Denkmäler der neuen Herrschaft

Am 12. April 1918, also mitten im Bürgerkrieg, erging das „Dekret über Monumentalpropaganda". Straßen und Plätze wurden umbenannt, Monumente der Zaren gestürzt (oder auch nur hinter roten Tüchern verborgen) und eilends neue Denkmäler für die Helden der Revolution überall im Land errichtet. Zunächst waren das überwiegend Entwürfe aus Gips und Lehm, die nicht immer künstlerisch wertvoll waren und denen das nasse Herbstwetter nicht gut bekam. Der Kunsthistoriker Nikolai Punin (1888–1953) schrieb 1919 sehr verächtlich: „Neben den Denkmälern von Zaren und Großfürsten sind sie nicht mehr als bärtige Warzen."

M 2 Sturz des Denkmals für den zweiten Zaren Alexander III. während der Oktoberrevolution Foto um 1917

Oktoberrevolution im Spiegel der zeitgenössischen Kunst

Das Wirken von Künstlerinnen und Künstlern der Avantgarde trug in den 1920er-Jahren ganz maßgeblich dazu bei, den Mythos der Oktoberrevolution über Russland hinaus zu verbreiten. Der nüchterne Lenin konnte sich für diesen Bereich freilich nicht recht erwärmen. Er bezeichnete sich selbst als „Barbaren" und gestand, „die Werke des Expressionismus, Futurismus, Kubismus und anderer Ismen" nicht zu verstehen. Für ihn musste Kunst die Massen erreichen. Sein Kulturkommissar Lunatscharski versuchte das eine mit dem anderen zu verbinden und entwarf ein Programm, in dem die moderne Kunst zum „Mund der Revolution" werden sollte. Dabei versuchte Lunatscharski zwar einerseits enge Führung durchzusetzen, andererseits war er aber auch bereit, großen Künstlern gewisse Freiräume zu lassen.

Die sowjetische Avantgarde beeinflusste in dieser Zeit Musik und Theater, Film und Fotografie, bildende Kunst, Dichtung und Architektur weltweit. Nicht alle Künstlerinnen und Künstler stellten sich als überzeugte Anhänger oder Mitläufer bewusst in den Dienst der kommunistischen Partei, manche motivierte ihr romantischer Anti-Kapitalismus, andere ihr Glaube an einen „neuen Menschen", wieder andere waren fasziniert von der Wucht des Umbruchs und versuchten, ihn ästhetisch-künstlerisch zu erfassen. Man darf sich diese Künstlerinnen und Künstler auch nicht als einen einigen, geschlossenen Block vorstellen; es gab im Gegenteil innerhalb der Avantgarde endlose und sehr unübersichtliche Richtungskämpfe, Deutungskontroversen und Theoriedebatten, die uns hier aber nicht interessieren müssen.

Unter den Schriftstellern wurden im Ausland die sogenannten Futuristen am stärksten beachtet. Zu ihnen gehörte etwa Vladimir Kirillov (1889–1937), dessen Gedicht „Wir" die Oktoberrevolution als Durchbruch einer neuen, proletarischen Kultur feierte und ganz im Sinne der bolschewistischen Ideologie das Kollektiv und den technischen Fortschritt verherrlichte.

Im Bereich der Fotographie ragt der Konstruktivist Alexander Rodtscheno (1891–1956) heraus. Seine Bilder zeichneten sich durch ganz neuartige Kompositionen und Blickwinkel aus. Berühmt bis heute sind die Maler Kasimir Malewitsch (1879–1935) und Elizier „El" Lissitzky (1890–1941). Lissitzkys im Bürgerkrieg entstandenes Propagandaplakat „Mit dem roten Keil schlage die Weißen" von 1920 verdeutlicht besonders gut die Stoßrichtung und Grundprinzipien dieser Kunst, zeigt aber auch die Grenzen ihrer Einflussmöglichkeiten auf.

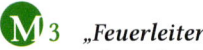 **3** *„Feuerleiter"*
Foto von Alexander Rodtschenko (1891–1956), 1925.
Rodtschenko schreibt:
„Wir arbeiteten gegen diese bürgerliche Welt und empörten sie, und deshalb wurden wir nicht gekauft und nicht anerkannt. [...] Wir waren für eine neue Welt, für die Welt der Industrie, Technik und Wissenschaft. Wir waren für einen neuen Menschen, wir fühlten ihn und hatten eine ungefähre Vorstellung von ihm. Wir schmeichelten nicht mit den Pinseln den Visagen der vollgefressenen Bourgeoisie. Wir malten nicht ihre Villen, Bälle und Güter. Wir waren Erfinder und gestalteten die Welt in unserem Sinne um."
Alexander M. Rodtschenko: Aufsätze, autobiographische Notizen, Briefe, Erinnerungen, Verlag der Kunst, Dresden 1993, S. 87.

Oktoberrevolution im Spiegel der zeitgenössischen Kunst

 4 *„Ein Jahr proletarischer Diktatur"* Farblithografie von Alexander Apsit (1880–1944), Oktober 1918. Sie gilt als ein Meilenstein sowjetischer Plakatgeschichte.

Oktoberrevolution im Spiegel der zeitgenössischen Kunst

M 5 *„Mit dem roten Keil schlage die Weißen"*
Im Bürgerkrieg entstandenes Propagandaplakat von Elizier „El" Lissitzky (1890–1941), 1920

M 6 „Mit dem roten Keil schlage die Weißen" – eine Deutung

Die Kunsthistorikerin Gabriel Montua schreibt über das Propagandaplakat von Lissitzky (2018):

Wir wissen [...], dass Lissitzkys Plakat die Bolschewisten politisch unterstützen wollte, müssten diesen Umstand aber noch genau in der Quelle identifizieren. Dafür ist es wichtig, aufmerksam hinzuschauen.
5 Was genau stellen die geometrischen Elemente auf dem Plakat dar? Auch wenn alle Formen eindeutig auf dem Plakat erkennbar sind, lohnt es sich, das Gesehene in Worte zu fassen. Der Keil ist dynamisch (sicher auch phallisch, aber dies wäre eine andere
10 Untersuchung), der Kreis behäbig und träge wie ein von zu viel Wohlstand genährter Wanst. Folgt man dem roten Keil in seiner Bewegung, denn der Appell des Plakates ist unmissverständlich der Aufruf, sich in die Reihen der „Roten" einzugliedern, sie größer
15 und mächtiger werden zu lassen und damit den Keil weiter fortzutreiben, wird er in kurzer Zeit über den Mittelpunkt des Kreises hinaus bis an seine Grenze stoßen. Was passiert dann in dieser „Erzählung"? Der weiße Kreis wird somit nicht mehr als eigenständiges
20 geometrisches Element zu erkennen sein. In einem weiteren Schritt gilt es nun, eine Interpretation zu finden, bei der man das Visuelle wie eine Metapher in

Worte fasst: Die reaktionären Teile der Gesellschaft, für welche die Weißen stehen, müssen in ihrer ele-
25 mentarsten Form zerstört werden, sie sollen nicht mehr erkennbar sein. Das Verschwinden ihrer geometrischen Form im Plakat soll die Tilgung ihrer sozialen Form als Klasse in der Gesellschaft bedeuten. Damit dies passiert, muss der neue Staat nicht nur die
30 Klassenfeinde beseitigen, sondern mit ihnen auch ihre Kunst und die mit ihr verbundenen Aneignungsprivilegien auslöschen, damit von der Zivilisation der Bourgeoisie keine Spur mehr bleibt. Somit sollte klar werden, an wen sich der Aufruf des Plakats letztend-
35 lich richtete: Er galt zwar vordergründig der einfachen Bevölkerung, die sich freiwillig als Rotarmisten melden sollte, aber gerade im ländlichen Russland war Analphabetismus weit verbreitet und die Bevölkerung erst recht unerfahren mit der Lektüre von Bil-
40 dern, die sie außerhalb der Kirchen und Wirtshäuser kaum zu Gesicht bekam, so dass kaum anzunehmen ist, sie würde Lissitzkys abstrakt formulierte visuelle Botschaft auf Anhieb verstehen. Das Plakat war vielmehr ein Aufruf an die Parteiführung, die alte, mit
45 gegenständlichen Sujets arbeitende Kunst zu bekämpfen und die Errichtung der neuen Gesellschaft nicht mit der Umverteilung der Produktionsmittel aufhören zu lassen. Nein, es müsse eine neue visuelle Kultur, eine neue Zivilisation mit derselben Gewalt
50 wie die Penetration und Zerstörung des weißen Kreises durchgesetzt werden, welche die neue, auf geometrischen Formen basierende Kunst in aller Öffentlichkeit und für die Gemeinschaft verbindlich werden lassen würde. Um es zusammenzufassen: Der neue
55 Mensch braucht neue Augen. Das alte visuelle Kulturerbe muss einer neuen Formensprache weichen, nur dann kann der Neuanfang glücken, nur dann die Revolution vollständig gelingen.
Lissitzkys Plakat hatte keinen Erfolg und die mit ihm
60 verbundenen Hoffnungen der russischen Avantgardekünstler erfüllten sich nicht. Wenig ist bekannt über die Aushängung des Plakates in der Öffentlichkeit, aber es liegt nahe, dass es nur selten eingesetzt wurde. Der Parteiführung ging die Forderung der
65 Avantgarde zu weit. Sie sah diese Anweisungen als ideologische Verfehlung (die Revolution sollte sich laut Marx und Engels an der Basis der Gesellschaft, nicht in ihrem Überbau vollziehen, zu dem die Kunst gehörte) und vermisste die Eindeutigkeit, welche die
70 gegenständliche Illustration von Propagandalosungen für die Parteikontrolleure besser nachvollziehbar machte. Künstlerassoziationen, die sich der gegenständlichen Repräsentationsweise verpflichtet fühlten, um „den größten Augenblick der Geschichte in
75 seinem revolutionären Elan künstlerisch-dokumentarisch festzuhalten [...] in den monumentalen For-

men und Stilen eines heroischen Realismus", setzten sich bald aufgrund ihrer steigenden Mitgliederzahlen und des ästhetischen Unverständnisses der Partei-
80 funktionäre für die neue Formsprache durch. Zudem ließen die immer aggressiver formulierten Forderungen der russischen Avantgarde die Künstler letztendlich bei der Parteiführung zu unliebsamen Subjekten werden.

Gabriel Montua: „Mit dem roten Keil schlage die Weißen. El Lissitzkys Propagandaplakat aus dem Russischen Bürgerkrieg von 1919/1920 und der Kampf um die Tragweite der kommunistischen Revolution"; in: Themenportal Europäische Geschichte, 2018, Clio-online – Historisches Fachinformationssystem e.V. c/o Humboldt-Universität zu Berlin; www.europa.clio-online.de/essay/id/fdae-1721 [letzter Zugriff: 01.08.2024].

 7   Vladimir Kirillov: „Wir"

Gedicht des russischen Schriftstellers Vladimir Kirillov (1889–1937):

Wir
Im Namen unseres Morgen verbrennen wir Rafael,
zerstören wir Museen, zertrampeln wir die Blüten der Kunst.
Die Mädchen im hellen Reiche der Zukunft
5 Werden schöner sein als die Venus von Milo.
[...]
Wir wurden dem Metalle gleich,
unsere Seele verschmolz mit den Maschinen.
Die Muskeln unserer Arme drängen nach der Arbeit von Giganten,
10 schöpferisches Sehnen durchglüht die Brust des Kollektivs,
selbst sind wir unsere Gottheit, Richter wie Gesetz.

Vladimir Kirillov: „Wir"; Übers. zit. nach: Klaus von Beyme: „Die Oktoberrevolution und ihre Mythen in Ideologie und Kunst"; in: Dietrich Harth, Jan Assmann (Hg.), Revolution und Mythos, Frankfurt a. M.: Fischer Taschenbuch Verlag 1992, S. 164.

1. a) ●○○ Fassen Sie den Inhalt des Mythos Oktoberrevolution zusammen.
b) ●●○ Beschreiben Sie die Lithographie „Ein Jahr proletarischer Diktatur" (M4) und erläutern Sie die Bildelemente. Arbeiten Sie die Bedeutung des Bildes für den Mythos Oktoberrevolution heraus.
c) ●●○ Vollziehen Sie die Bildfälschung des Fotos zur Rede Lenins in Moskau (M1) nach und erläutern Sie die Folgen der Fälschung für den Mythos Oktoberrevolution.
d) ●●● Begründen Sie das Scheitern Lissitzkys bei dem Versuch, der Revolution eine neue Formensprache in der Kunst zu geben. Analysieren Sie dafür das Plakat (M5) und berücksichtigen Sie die Ausführungen der Kunsthistorikerin Gabriel Montua (M6).
→ Text, M1, M4, M5, M6

Nikolai Evreinovs „Sturm auf den Winterpalast" 1920

Der avantgardistische Dramaturg Nikolai Evreinov (1879–1953) brachte am 7. November 1920, dem dritten Jahrestag der Oktoberrevolution, gemeinsam mit einem Kollektiv von Theatermachern am Originalschauplatz in Petrograd das Stück „Sturm auf den Winterpalast" zur Aufführung. Es war das bis heute größte Massenspektakel der Theatergeschichte und zugleich ein Meilenstein für die Verbreitung des Mythos Oktoberrevolution.

Evreinov sollte im Auftrag der Partei eine „gültige Interpretation der Revolutionsereignisse mit den Mitteln des Theaters" (Joachim Paech) schaffen. Die Regierung stellte ihm dafür ein riesiges Budget und die allerneueste Technik zur Verfügung. An der rund 75-minütigen Aufführung beteiligten sich 10000 bis 15000 Schauspielerinnen und Schauspieler – die meisten

waren Laien, darunter Matrosen, Soldaten und Zeitzeugen – sowie zwischen 50000 und 150000 Zuschauerinnen und Zuschauer. Die überlieferten Zahlen sind recht unterschiedlich, zweifellos aber hatte das gesamte Ereignis eine gewaltige Dimension.

Das Stück war der Höhepunkt einer ganzen Serie von – kleineren – Masseninszenierungen im ganzen Land, welche die Bolschewiki seit der Machtübernahme angestoßen hatten. Die Themen waren stets politisch einschlägig, etwa der „Sturz der Selbstherrschaft", das „Rote Jahr" oder die „Befreiung der Arbeit". Dahinter stand die Überlegung, dass derartige Massenschauspiele auch Nicht-Lesekundige erreichen würden, und vor allem, dass sie das Publikum intensiv in die Thematik „hineinziehen" (Evreinov), mobilisieren und emotionalisieren würden. Der

M1 *Sturm auf den Winterpalast*
Foto der Inszenierung 1920

Volkskommissar für Bildung und Kultur, Anatoli Wassiljewitsch Lunatscharski, sah diese Spektakel bezeichnenderweise in einer historischen Linie mit den Festen der Französischen Revolution: „Um sich selbst zu spüren, müssen sich die Massen äußerlich zeigen, und das ist nur möglich, wenn sie, um mit Robespierre zu sprechen, zu einem Schauspiel ihrer selbst werden."

Das musste umso mehr gelten, wenn die Inszenierung am realen historischen Schauplatz durchgeführt wurde, wie es beim „Sturm auf den Winterpalast" ja der Fall war. Hier bot sich in besonderer Weise die Möglichkeit, an ein Ereignis zu erinnern, das so nie stattgefunden hatte. Stattdessen wurde nun die Inszenierung selbst zum Ereignis, das ins kollektive Gedächtnis einging und die einerseits viel banalere, aber andererseits auch viel komplexere historische Realität überschrieb. Das gelang ganz besonders breitenwirksam und nachhaltig, weil bei den Proben gefilmt und fotografiert wurde (bei der Aufführung selbst war es dafür zu dunkel).

Bei einer dieser Proben entstand die weltberühmte Aufnahme der Attacke auf den Palast. Deutlich zu sehen sind der hölzerne Kommandoturm der Regisseure sowie Zuschauer der Proben.

M 2   *Sturm auf den Winterpalast*

Seit 1922 trat diese Fotografie in retuschierter Fassung als „Originalaufnahme" des „Sturms auf den Winterpalast" ihren publizistischen und propagandistischen Siegeszug an. Man findet sie in Zeitungen und Zeitschriften, Büchern und Schulbüchern, auf Briefmarken und Porzellantellern. Auch im Internet lassen sich noch immer etliche Seiten finden, auf denen das Bild als Originalaufnahme bezeichnet wird. Immerhin haben die großen Fotoagenturen in den letzten drei Jahren ihre Zuordnung der Fotografie endlich korrigiert. Freilich wird sie nun oft fälschlich als Filmstill aus Eisensteins Streifen „Oktober" von 1927/28 angepriesen und verkauft.

Die Retuschen rechts neben der Säule und rechts neben den voranstürmenden Schauspielern sind gut zu erkennen. Ein weiteres entlarvendes Detail ist der große Sowjetstern über dem Palasteingang, der beim Retuschieren offenbar vergessen wurde. Wie hätte dieser Stern schon vor der bolschewistischen Machtübernahme am Winterpalast hängen können?

Nikolaj Evreinov: Sturm auf den Winterpalast

 M 3 *„Sturm auf den Winterpalast"*

Nikolaj Evreinov, der Chefregisseurs der Inszenierung des Sturmes auf den Winterpalast, schreibt darüber 1920:

Das Schicksal wollte es, dass gerade bei uns in Sowjetrussland die Aufgabe einer theatralen Masseninszenierung unter freiem Himmel in Dimensionen, von denen man in Paris am 14. Juli 1790 beim Födera-
5 tionsfest nur träumen konnte, gelöst wurde. Der Sturm auf den Winterpalast! Was bedeutet dieses Ereignis, das vor drei Jahren stattgefunden hat? Es bedeutet den Fall der alten revolutionären Macht, die nicht die Kraft hatte, ein für alle Mal mit den bour-
10 geoisen Grundpfeilern Schluss zu machen, und den Beginn der neuen Macht, der wirklich revolutionären Macht – der Sowjet-Macht, einer Rus' der Arbeiter und Bauern. Der Winterpalast war der letzte Hort der Provisorischen Regierung von Kerenskij, ihn einzu-
15 nehmen bedeutete, endlich einer Regierung ein Ende zu setzen, die die Forderungen der großen, revolutionär gestimmten Mehrheit missachtet hatte. Zum dritten Jahrestag unserer Oktoberrevolution entstand die frohe Notwendigkeit, sich zusammen mit dem gan-
20 zen Volk in hellen und überzeugend anschaulichen Formen an dieses bedeutsame Ereignis zu erinnern. Solche Formen liefert das Theater! Deshalb war beschlossen worden, an diesem bedeutsamen Tag, dem 8. November (dem 25. Oktober nach dem alten Kalen-
25 der), vor zehntausenden Zuschauern ein feierliches Schauspiel zu geben, bei dem vor den Augen von allen und jedem die wichtigsten, der Einnahme des Winterpalasts vorausgegangenen Ereignisse und schließlich die Einnahme selbst, die den endgültigen
30 Sieg des Proletariats markierte, ablaufen würden. Und diese Aufgabe wurde im freundschaftlichen Miteinander durch die kollektiven Anstrengungen von Schriftstellern, bildenden Künstlern, Regisseuren, Schauspielern, Rotarmisten, Matrosen der Seestreit-
35 kräfte, Arbeitern des Roten Petrograd ausgeführt. Zu beiden Seiten des Triumphbogens des Generalstabs auf dem Urickij-Platz zwei durch eine Brücke verbundene Bühnen; die weiße und die rote... Dunkel... Dann das Donnern eines Kanonenschusses, der den
40 Beginn der Vorstellung verkündet! Auf der weißen Bühne flammt das Licht auf und beleuchtet die baufälligen Wände eines alten Saals. Auf einem erhöhten Platz nimmt die Provisorische Regierung mit Kerenskij an der Spitze unter den Klängen einer verfälsch-

45 ten Marseillaise die Vertrauensbezeigungen ehemaliger Würdenträger, Generäle, reicher Kaufleute und Finanzmänner entgegen. Hier läuft alles sehr organisiert ab, im Unterschied zur roten Spielfläche, wo vor dem Hintergrund der roten Ziegelbauten von Fabri-
50 ken, das noch nicht geeinte, das noch unorganisierte Proletariat gespannt zum hunderttausendköpfigen Zuschauer hinüberlauscht, vom Volk die gesuchte Losung, Ratschlag oder Aufruf zur endgültigen Tat erwartend. Aber das Volk zagt noch, man hört aus
55 seinem Mund noch nicht das nötige Wort! Zaghaft und gedämpft, wie aus der Unterwelt klingt die Internationale, als zur Musik dieser internationalen Hymne Rufe aus der Menge ertönen, anfangs vereinzelt, dann schon aus Hunderten Kehlen: „Lenin! Lenin!
60 Lenin!" Und dann, während auf der weißen Spielfläche die Zeit bei allen möglichen Sitzungen fruchtlos verrinnt (die Moskauer Konferenz, das Parlament und dergleichen), eint sich auf der roten Spielfläche unter den kräftiger werdenden Tönen der Internatio-
65 nale das Proletariat um seine Anführer, stolz wehen über ihnen die blutig roten Fahnen. Auf der weißen Spielfläche aber, wo die Regierung ist, setzt sich offenbar „unverbesserlich, zum Wegwerfen" die elende Komödie der triumphierenden Macht fort. Da ist das
70 operettenhafte Frauenbataillon, das die Reste der kriegerisch-bourgeoisen Staatsform verteidigt! Da ist eine Gruppe unglücklicher Versehrter, Opfer des harten kapitalistischen Massakers! Und über ihnen unsinnige riesige Plakate mit der Aufschrift: „Krieg
75 zum siegreichen Ende" und Rufe in den politischen Schalltrichter „Wir brauchen die Dardanellen!"
Währenddessen zeigt die rote Spielfläche schon die absolute Organisiertheit der Volksmassen, die beabsichtigen, ohne Zeit zu verlieren, ihre Kräfte zu er-
80 proben! Man hört das Lied „Kühn im Gleichschritt, Genossen!" Rufe erklingen: „Alle Macht den Räten", sie werden aufgenommen von Tausenden Stimmen, und Tausende Menschen, ihnen folgend, laufen mit dem Angriff auf die Weißen hinauf auf die Brücke,
85 die die Spielflächen verbindet! Die Weißen jedoch, ihre letzten Kräfte sammelnd, schaffen es, diesen Juli-Vorstoß (3 – 5. Juli) der Roten abzuwehren! Aber ach, das war der letzte Sieg der zerfallenden Macht!
[...] Am Rande der weißen Spielfläche erscheint nach
90 diesem Ereignis das Ende der betrogenen Verteidiger der Provisorischen Regierung besiegelt. Diese ihre Verteidiger, betrogen von Kerenskij, der schon deutlich auf seinen elenden Thron schwankt, gehen in Massen zu den Fahnen über, die stolz und herausfor-

95 dernd auf der roten Spielfläche wehen. Sie blieb in tragikomischer Einsamkeit zurück, diese jämmerliche Provisorische Regierung, nur beschirmt von den Junkern und dem Frauenbataillon! Ihr blieb nichts anderes übrig, als in die letzte Zitadelle zu fliehen –
100 in den Winterpalast! Und diese Flucht erfolgte. Da erstrahlten die Fenster der letzten Zitadelle von Kerenskijs Anhängern! Die Roten, angetreten in Kampfgemeinschaften, erregt vom Bewusstsein ihrer Kraft, weisen sich gegenseitig den Weg Richtung Winterpa-
105 last. Durch den Triumphbogen des Generalstabs kommen Panzerwagen und die ganze Rote Garde des damaligen Petrograd gerast! Von der Mojka das Pavlov-Regiment! Von der Zufahrt der Admiralität die bewaffneten Matrosen – „Zierde und Stolz der Revo-
110 lution", wie sie damals der Genosse Trotzki nannte. Ihr aller Streben, ihr einziges Ziel – der Winterpalast! Aus den Toren dieser belagerten Festung hört man jetzt das Donnern der herausfahrenden Geschütze! Die Junker gehen hinter einem riesigen Holzstapel in
115 Deckung, der historische Kampf beginnt, an dem auch der in der Ferne sichtbare Kreuzer Aurora teilnimmt. In den beleuchteten Fenstern des Winterpalasts kämpfen Schattensilhouetten miteinander! – die Roten sind mit einem schnellen Vorstoß in den Palast
120 eingedrungen und entwaffnen im Kampf die Verteidiger der geisterhaften Macht! Knattern der Maschinengewehre, Gewehrschüsse, Krachen der Artillerie-

geschütze, – alles mischt sich in einer ohrenbetäubenden Sinfonie des entschlossenen
125 Kampfs. Zwei, drei Minuten ununterbrochenen Krachens scheinen den gespannten Nerven schon wie eine Ewigkeit. Aber da steigt eine Rakete auf und alles wird augenblicklich still, um sich dann mit neuen Tönen zu füllen – den machtvollen Klängen der In-
130 ternationale, interpretiert von einem vierzigtausendstimmigen Chor! Über den erloschenen Fenstern des Palasts leuchten nun rote fünfzackige Sterne! Über dem Palast selbst flattert im selben Moment eine riesige rote Fahne! Symbol des Siegs des Proletariats!
135 Die festliche Aufführung ist zu Ende. Die Parade der roten Truppen beginnt.
Das ist in wenigen Worten das Wesentliche des grandiosen theatralen Schauspiels vom 8. November 1920, dessen künstlerische Novität in der zusammenhän-
140 genden Inszenierung auf drei Bühnen gleichzeitig besteht, von denen zwei konventionelle Theaterbühnen sind, eine ist der historisch reale Handlungsort. Dieses historische Stück wurde von einem kollektiven Autor geschrieben, von einem kollektiven Regis-
145 seur inszeniert und einem kollektiven Schauspieler gespielt – einer achttausendköpfigen Menge, die sich an diesem denkwürdigen Tag als künstlerisch inspirierte erste Theaterarmee der Welt zeigte.

Nikolaj Evreinov: „Vzjatie Zimnego dvorca"; Übers. v. Regine Kühn zit. nach: Inke Arns, Igor Chubarov, Sylvia Sasse (Hg.), Nikolaj Evreinov & andere – „Sturm auf den Winterpalast", Zürich/Berlin: Diaphanes 2017, S. 23 – 26.

1. a) ●○○ Fassen Sie die Ausführungen Evreinovs über die Inszenierung „Sturm auf den Winterpalast" zusammen.

b) ●●○ Arbeiten Sie die Intention der Inszenierung heraus.

c) ●●○ Erläutern Sie den Beitrag der Inszenierung „Sturm auf den Winterpalast" auf die Verbreitung des Mythos Oktoberrevolution in der russischen Bevölkerung.

d) ●●● Setzen Sie sich mit dem Umgang der Geschichte der Oktoberrevolution in der Inszenierung auseinander.
→ Text, M1 – M3

Sergej Eisensteins Film „Oktober – Zehn Tage, die die Welt erschütterten" 1927/28

Sergej Eisensteins Film „Oktober – Zehn Tage, die die Welt erschütterten" entstand 1927/28 zum zehnten Jahrestag der Machtübernahme. Erst zu diesem Jubiläum kam übrigens die Bezeichnung „Große Sozialistische Oktoberrevolution" auf und setzte sich im Sprachgebrauch fest. Anlässlich dieses Jahrestags beauftragte das ZK der Kommunistischen Partei (KPdSU) mehrere bekannte Filmemacherinnen und Filmemacher, den 1920 etablierten Gründungsmythos der Sowjetunion mit dem modernsten

M 1   *„Oktober. Zehn Tage, die die Welt erschütterten"*
Filmplakat zum Propagandafilm des Regisseurs Sergei Eisenstein aus dem Jahre 1928.

Medium der Zeit breitenwirksam in Szene zu setzen.

Eisenstein war damals erst 30 Jahre alt, hatte aber bereits mit den Filmen „Streik" und „Panzerkreuzer Potemkin" sein Talent und seine Nähe zur bolschewistischen Führung unter Beweis gestellt. Er erhielt von allen Beauftragten den mit Abstand größten Etat und die meiste organisatorische Unterstützung. Als er am Originalschauplatz den Sturm auf den Palast drehte und dazu 90 hochmoderne, aber viel Energie verschlingende Scheinwerfer einsetzte, wurde dafür in ganz Leningrad (vormals Petrograd, heute wieder Sankt Petersburg) der Strom abgeschaltet. Diese Unterstützung hatte allerdings ihren Preis: Als ein amerikanischer Korrespondent Eisenstein fragte, wer denn das Buch zu seinem Film schreibe, antwortete er lakonisch: „Die Partei". Und tatsächlich war deren Einflussnahme drastisch. Der kommende starke Mann im Land, Josef Stalin (1878–1953), veranlasste noch unmittelbar vor der geplanten Uraufführung des Films, dass bestimmte Sequenzen mit seinem großen Parteikontrahenten Trotzki herausgeschnitten wurden, was die Fertigstellung um mehrere Monate verzögerte.

Eisensteins Film floppte vor dem zeitgenössischen breiten Publikum, das mit seiner intellektuellen Montagetechnik und den komplizierten Erzählmetaphern wenig anzufangen wusste. Das ist heute praktisch vergessen, denn langfristig war der Streifen ein großer Erfolg. Er erfüllte vor allem die Hoffnung der bolschewistischen Führung, den Mythos Oktoberrevolution zu festigen und zu verbreiten. In der kommunistischen Welt erhielt der Film im Laufe der Jahre das Gütesiegel einer „wahrheitsgetreuen Aufzeichnung der historischen Ereignisse", wie die DDR-Filmanstalt DEFA 1967 bei der Herausgabe der deutschen Fassung verkündete. Auch in der westlichen Welt wurden Sequenzen und Stills (Einzelbilder) des Eisenstein-Streifens immer wieder als angebliche Originalaufnahmen verbreitet; dazu zählte insbesondere die Erstürmung des Winterpalasts, die tatsächlich in suggestiven Bildern mitreißend inszeniert ist und

M 2 *„Erstür-
mung des Winter-
palastes am 7. No-
vember 1917."
Bemaltes Lackkäst-
chen, undatiert.*

Inspirationsquelle für zahllose ähnliche Motive war.

Eisensteins „Oktober"-Film lohnt aber noch einen zweiten Blick, denn die Umstände seiner Entstehung unterschieden sich in einem entscheidenden Punkt von der Zeit, in der Evreinovs Theaterstück aufgeführt wurde: Lenin war inzwischen gestorben und Stalin war gerade dabei, sich in den Diadochenkämpfen innerhalb der sowjetischen Führung durchzusetzen. Auch dazu lieferte Eisensteins Film wichtige propagandistische Versatzstücke: Eine Szene des Films zeigt die entscheidende ZK-Sitzung vom 10. Oktober 1917, in der auf Drängen Lenins der bewaffnete Aufstand noch vor dem Zusammentritt des Allrussischen Rätekongresses beschlossen wurde. Hier rückt Eisenstein Stalin ganz bewusst in Lenins Nähe, und Trotzki wird fälschlicherweise als Gegner des Aufstands dargestellt.

Neben dem angeblichen „Sturm auf den Winterpalast" flossen von nun an vor allem diese beiden in Eisensteins Film angelegten Motive in den Mythos der Oktoberrevolution ein: Erstens der Personenkult um den 1924 verstorbenen Lenin, dessen sichtbares und merkwürdiges Relikt bis heute das Lenin-Mausoleum auf dem Roten Platz in Moskau ist.

Zweitens – bis zum Tod Stalins 1953 und zur anschließenden Entstalinisierung – die angebliche Übertragung der Führungsrolle in Partei und Staat von Lenin an den Generalsekretär der Partei Josef Stalin. Zahllose Propagandagemälde und gefälschte Fotos sollten die Nähe Stalins zu Lenin untermauern und Stalins Diktatur so zusätzliche Legitimität verleihen. In Wahrheit hatte Lenin in seinem „politischen Testament" jedoch gewarnt, Stalin sei charakterlich nicht geeignet, mit der Machtfülle seines Amtes umzugehen.

„Oktober – Zehn Tage, die die Welt erschütterten"

 3   *Eine Szene aus dem Film*

Sie zeigt die entscheidende ZK-Sitzung vom 10. Oktober 1917, in der auf Drängen Lenins der bewaffnete Aufstand noch vor dem Zusammentritt des Allrussischen Rätekongresses beschlossen wurde.

[Das Filmstill stammt aus Sergej Eisenstein: „Oktober – Zehn Tage, die die Welt erschütterten", 1927/28, Sequenz 00:43:34 bis 00:44:30].

 4   **Eine Deutung**

Die Historikerin Maxi Braun schreibt (2012):

Dargestellt wird die Sitzung des Zentralkomitees am 10. Oktober, auf der der bewaffnete Aufstand beschlossen wurde. Wir sehen die Mitglieder in einer halbtotalen Einstellung an einem Verhandlungstisch
5 sitzen. Zuerst spricht sich Leo Trotzki gegen einen Aufstand aus, Lenin argumentiert dafür. Der Fokus in dieser Szene scheint eindeutig: Trotzki und Lenin bilden das Zentrum des Bildes und der Aufmerksamkeit, die anderen Anwesenden hören zu. Dennoch ist
10 die Kadrierung exakt so gewählt, dass am rechten Rand der von einem Schauspieler verkörperte Stalin noch zu sehen ist, an Lenins linker Seite sitzend. Im Verlauf der Diskussion bewegt er sich kaum, sieht auf seine Hände. Seine Mimik lässt seine Meinung zum
15 Gesagten nicht erkennen. Als Lenin die Anwesenden jedoch zur Abstimmung auffordert, lehnt er sich aus Sicht des Zuschauers in Richtung Stalin. Stalin ist nach Lenin der Erste, der für den Aufstand votiert. Erst danach heben die anderen Mitglieder des ZK
20 ihre Hand.
Oktober entstand zu einer Zeit, in der Stalin noch nicht die totalitäre Alleinherrschaft innehatte. Die Kollektivierung der Landwirtschaft, die forcierte Industrialisierung sowie die Dekulakisierungskampag-
25 ne setzten erst später ein. Die „Kulturrevolution", die

Künstlern wie Eisenstein unter dem Vorwurf des Formalismus ihre freie Entfaltung in Zeiten des Sozialistischen Realismus unmöglich machte, fällt ebenfalls erst in das folgende Jahrzehnt. 1927 hatte der sowje-
30 tische Personenkult Stalin noch nicht an der Seite Lenins und als dessen legitimen Erben installiert. Die Überhöhung von Stalins Rolle bei den Ereignissen im Oktober 1917 setzte erst später durch eine Überarbeitung der Geschichtsbücher ein. Da Lenin in seinem
35 „politischen Testament" 1922 seine potenziellen Nachfolger charakterisiert und in Hinblick auf Stalin vor einer Machtkonzentration in dessen Händen gewarnt hatte, ist es unwahrscheinlich, dass er ihn auf der Sitzung vom 10. Oktober 1917 tatsächlich als ers-
40 ten Verbündeten auf seine Seite zu holen suchte. Stalins Präsenz in dieser kurzen Sequenz bietet daher Raum für Spekulationen. Geschah die räumliche wie metaphorische Platzierung Stalins an der Seite Lenins bewusst oder unbewusst? War sie einer Sympa-
45 thie des Regisseurs für Stalin oder vielleicht gar seiner Angst vor ihm geschuldet? Der Regisseur hat sich darüber meines Wissens nie geäußert. In dieser Szene deutet sich aber bereits die kurze Zeit später konsolidierte Alleinherrschaft Stalins an, was den Eigen-
50 wert des filmischen Textes als Quelle unterstreicht.

Maxi Braun: „Die nie überwundenen Barrikaden. Oktober (1927) als Quelle zur Konstruktion des Mythos der russischen Revolution von 1917"; in: Werkstatt Geschichte 60/2012, transcript Verlag (ISSN 0942-704X), S. 100 f.

Das Gedenken an Lenin im Wandel der Zeit

 M 5 Das Ende eines Mythos

Die Journalistin und Osteuropaexpertin Gesine Dorn-blüth berichtet zum 150. Geburtstag Lenins in einer Sendung des Deutschlandfunks am 17.04.2020:

Das Gedenken an Lenin war von Anfang an propa-gandistisch verzerrt. Der Revolutionsführer starb be-reits 1924 im Alter von 53 Jahren, vermutlich an heftigen Durchblutungsstörungen oder an einem
5 Schlaganfall. Die genaue Todesursache wurde den Bürgern vorenthalten. [...]
Anstatt seinen Leichnam beizusetzen, ließ ihn das Politbüro einbalsamieren und in einem eigens zu diesem Zweck errichteten Mausoleum auf dem Ro-
10 ten Platz ausstellen – gegen den Willen von Lenins Witwe Nadjeschda Krupskaja. Der britische Lenin-Biograph Robert Service schreibt, die bolschewisti-sche Führung habe damals verkündet, „dass Fabrik-arbeiter an die Behörden geschrieben und um

15 Konservierung und Ausstellung Lenins gebeten hät-ten. Das war eine eklatante, politisch motivierte Fäl-schung: Die Idee zu dem Mausoleum kam nicht von den Fabrikarbeitern, sondern aus dem Politbüro selbst. Und sein eifrigster Fürsprecher im Politbüro
20 war niemand anderer als Iosif Stalin. Er war über-zeugt, dass der im Mausoleum ausgestellte Leich-nam zu einem Objekt von einheitsstiftender Bedeut-samkeit für alle Bürger der UdSSR und für die Anhänger des Kommunismus auf der ganzen Erde
25 werden würde.“
Die Bolschewiki richteten eine Stiftung ein, um in Städten und Dörfern Lenin-Denkmäler zu errichten. Im ganzen Land wurden Straßen und Plätze nach ihm benannt. Aus Petrograd, dem Schauplatz der Okto-
30 berrevolution, wurde Leningrad. Fachleute sichteten Lenins Schriften und brachten sie in hunderttausen-den Exemplaren auf den Markt. Seine Sympathien für den Terror als politisches Mittel fielen der Zensur zum Opfer.

M 6 „W. I. Lenin tritt auf dem II. Allrussischen Sowjetkongreß auf"
Propaganda-Gemälde (Ausschnitt) von Alexander Nikolajewitsch Samochwalow (1894–1971), 1958, Öl auf Leinwand, 354 x 283 cm, St. Petersburg, Staatliches Russisches Museum

Das Gedenken an Lenin im Wandel der Zeit

35 Dass weite Teile der Umbrüche des Jahres 1917 ohne Lenins Zutun stattfanden, wurde gleichfalls vernachlässigt. [...] Der Biograph Robert Service formuliert es so: „Lenin sollte nicht nur als heroische Gestalt in der Geschichte des Bolschewismus und des Welt-

40 kommunismus dargestellt werden. Er sollte auch den mythischen Status eines allwissenden revolutionären Heiligen genießen. Sein Genie als Parteiführer, Regierungschef, Stratege und Staatsmann von Weltformat war zu bejubeln. Seine Menschlichkeit als Genosse,

45 Ehemann und Marxist war in den höchsten Tönen zu preisen.“

Lenin wurde also im Nachhinein zum Anführer der Massen stilisiert. Kinder waren dieser Propaganda von klein auf ausgesetzt. Bereits 1918 hatten die

50 Kommunisten eine Jugendorganisation gegründet, den Komsomol. Ab 1922 hieß er „leninistischer“ Jugendbund. Bald kamen die „Pionierorganisation Wladimir Iljitsch Lenin“ für die Zehn- bis 15-Jährigen dazu und die „Oktoberkinder“ für Sieben- bis Neun-

55 jährige. [...]

Das Lenin-Mausoleum auf dem Roten Platz war der Höhepunkt der Verklärung. Zu Sowjetzeiten kamen jedes Jahr bis zu 2,5 Millionen Besucher. Das Mausoleum ist an fünf Tagen der Woche von zehn bis 13

60 Uhr geöffnet. Die Schlange ist mehrere hundert Meter lang, die Vorschriften für Besucher sind streng. Taschen, Mobiltelefone, Kameras, Aufnahmegeräte müssen abgegeben werden. Nach einer Sicherheitskontrolle geht es hinter Sperrgittern die Kremlmauer

65 entlang. Am Eingang ins Mausoleum wacht ein Soldat mit einer großen platten Mütze und ernstem

Blick. Männer müssen ihre Kopfbedeckung abnehmen. Nicht reden, nicht nebeneinander gehen, nicht stehenbleiben. Der Soldat weist mit der Hand nach

70 links.

Ein paar Stufen führen hinunter. Es ist schummrig und kühl. Der nächste Soldat weist nach rechts. Nicht stehenbleiben! Dann der Sarg, hinter Glas. Lenin ist indirekt ausgeleuchtet: Spitzbart, Anzug, Krawatte,

75 wächserner Teint. Zum genaueren Hinsehen bleibt keine Zeit, denn der nächste Soldat weist bereits den Weg nach draußen. [...]

Und so grub sich das Bild vom guten Lenin immer tiefer in das Bewusstsein ein. [...] Das änderte sich

80 mit der Perestrojka, dem Umbau des Sowjetsystems. Michail Gorbatschow, 1985 zum Generalsekretär der KPdSU gewählt, wollte das Land modernisieren. Er ließ Meinungsfreiheit zu. Zum ersten Mal konnten sich sowjetische Historiker halbwegs frei und kri-

85 tisch mit der Geschichte ihres Staates beschäftigen. Sie fanden Quellen, die belegten, dass Lenins Bolschewiki Terror gegen die Bevölkerung angeordnet hatten. Und sie hatten auf einmal den Mut frei auszusprechen, was sie wirklich über die Oktoberrevoluti-

90 on wussten. [...]

Präsident Boris Jelzin [...] hatte nicht nur die Auflösung der Sowjetunion vorangetrieben. Er versuchte insgesamt mit dem Kommunismus und mit Lenins Erbe aufzuräumen, stieß dabei aber an Grenzen. Per

95 Erlass verbot er die Kommunistische Partei. Ein Gericht hob das Verbot wieder auf. Die Stadt Leningrad bekam ihren historischen Namen St. Petersburg zurück. Um auch das umliegende Gebiet umzubenen-

 7 *Lenin-Mausoleum*

Der einbalsamierte Leichnam des sowjetischen Staatsgründers Wladimir Iljitsch Lenin im Lenin-Mausoleum am Roten Platz in Moskau, Foto, 1993.

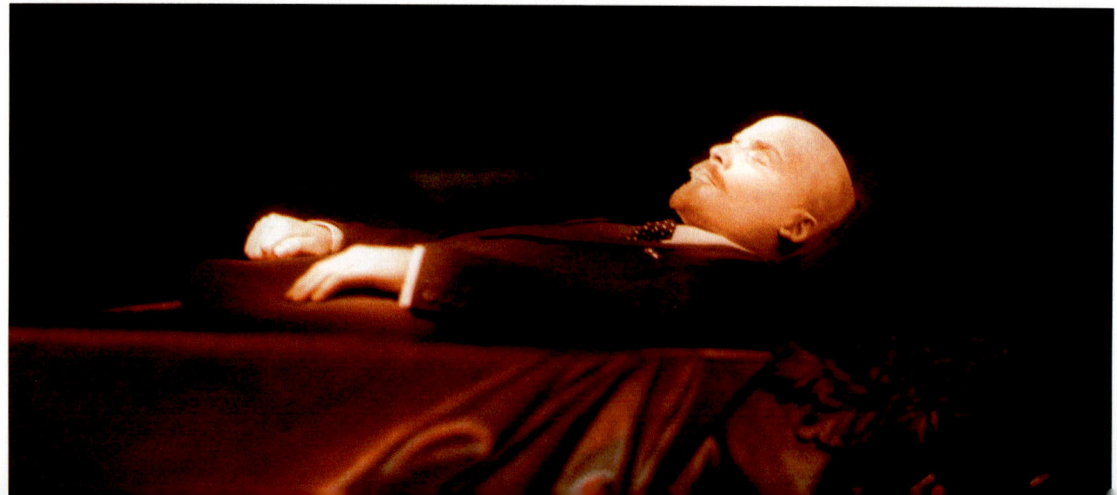

nen, reichte der Schwung schon nicht mehr. Das Verwaltungsgebiet heißt bis heute Leningradskaja Oblast.

Während die meisten Nachfolgestaaten der Sowjetunion die Lenin-Denkmäler in den 90er-Jahren entfernt haben, stehen in Russland, laut einer Zählung der BBC aus dem Jahr 2017, noch sage und schreibe 2771 Stück. Auch Straßen und Plätze tragen weiter Lenins Namen – weil die Bewohner das so wollen, sagt der kommunistische Duma-Abgeordnete Juri Afonin: „Ich war neulich in der Provinz unterwegs, da gibt es eine Kommunistische Straße. Es gab den Versuch, sie umzubenennen. Die Bevölkerung hat sich jedoch dagegen gewehrt. Und nun heißt die erste Hälfte weiterhin Kommunistische Straße, dann kommt eine Kirche, und die zweite Hälfte heißt Kirchenstraße. So wie sie vor der Revolution hieß. Da hat die Regierung einen klugen Ausweg gefunden."

Weiterhin will die russische Führung niemanden verprellen. Das gilt auch für den Umgang mit dem Lenin-Mausoleum auf dem Roten Platz. Bereits Boris Jelzin ordnete an, den Leichnam des Revolutionsführers zu bestatten – und schreckte dann doch davor zurück, aus Rücksicht auf die sowjetisch geprägten Wähler. Bis heute kocht die Diskussion immer wieder hoch.

Vor 25 Jahren hörte die Sowjetunion auf zu existieren: Staatspräsident Michail Gorbatschow trat am ersten Weihnachtstag 1991 zurück, die rote Staatsflagge mit Hammer und Sichel verschwand vom Dach des Moskauer Kreml. Gescheitert war die UdSSR an ihren inneren Widersprüchen. Geblieben ist bei vielen Russen die Sehnsucht nach ehemaliger Größe.

2017 sprach sich erstmals eine Mehrheit der Russen dafür aus, den Revolutionsführer der Erde zu übergeben. Das fand das Lewada-Zentrum heraus, ein unabhängiges russisches Meinungsforschungszentrum. Doch die Eliten zögern. Wladimir Medinskij, bis vor kurzem Kulturminister unter Putin, begründete das im Gespräch mit der staatlichen russischen Agentur Ria Nowosti so: „Ich habe als Mitglied der Regierung nicht das Recht eine persönliche Meinung zu äußern, die die Gesellschaft spalten kann. Als hätten wir nicht genügend andere Probleme im Land."

Ganz ähnlich äußert sich die russisch-orthodoxe Kirche. In der Sowjetunion wurde sie verfolgt. Nach deren Ende hat sie sich zu einer einflussreichen moralischen Instanz entwickelt und ist meist loyal zur Staatsführung. Mitropolit Hilarion, der Chef der Abteilung für Außenbeziehungen der russisch-orthodoxen Kirche, sagte dem russischen Staatssender *Rossija-24*: „Ein Mausoleum und ein mumifizierter Körper sind ein Relikt der Vergangenheit, von dem man sich längst hätte verabschieden müssen."

Doch nicht mal er fordert, Lenins Leichnam zu bestatten: „Niemand hat ein Interesse daran alte Wunden aufzubrechen, unsere Gesellschaft aufzurütteln, eine Spaltung zu provozieren. Man hätte das sofort machen müssen. So aber müssen wir warten, bis in der Gesellschaft Einigkeit zu dieser Frage besteht."

Das alles entspricht der Haltung von Präsident Putin, der das Land zunehmend autokratisch regiert und gesellschaftspolitische Debatten oft im Keim ersticken lässt. Er setzte 2019 einen vorläufigen Schlusspunkt unter die Debatte um das Lenin-Mausoleum: „Was den Körper oder den Nicht-Körper betrifft: Meiner Ansicht nach sollte man ihn nicht anrühren, jedenfalls nicht, solange es Menschen gibt, und wir haben sehr viele davon, die ihr Leben und bestimmte Errungenschaften der sowjetischen Jahre mit ihm verbinden. Die Sowjetunion ist zweifellos mit dem Führer des internationalen Proletariats, Wladimir Iljitsch Lenin, verbunden. Warum also sollte man daran rühren? Wir sollten besser nach vorn schauen."

Umfragen des Lewada-Zentrums zeigen, dass die Zahl derer, die Lenin insgesamt positiv sehen, zwischen 2001 und 2017 von 60 auf 44 Prozent der Befragten gesunken ist. Einem Drittel war Lenin zuletzt schlichtweg egal. Ebenso viele waren davon überzeugt, dass sich in 40 bis 50 Jahren außer Historikern niemand mehr an Lenin erinnern werde. Es ist eine Frage der Zeit, bis der Mythos vom Revolutionär Lenin, vom Gründer des größten Staates der Erde, auch in Russland verblasst.

Gesine Dornblüth: „Zum 150. Geburtstag Lenins. Das Ende eines Mythos", Deutschlandradio, Köln, 17.04.2020; https://www. deutschlandfunk.de/zum-150-geburtstag-lenins-das-ende-eines-mythos-100.html [letzter Zugriff: 01.08.2024].

● ●

1. a) ●●○ Recherchieren Sie zu Eisensteins Film „Oktober" und erläutern Sie seine filmhistorische Bedeutung. Sehen Sie sich dazu den Film (ggf. auszugsweise) an.

b) ●●○ Erläutern Sie den Beitrag des Films „Oktober" zum Mythos Oktoverrevolution.

c) ●●● Setzen Sie sich – ausgehend von M3 und M4 – mit der Darstellung Stalins im Film „Oktober" auseinander.

d) ●●○ Charakterisieren Sie den Wandel des Gedenkens an Lenin und setzen Sie diesen Wandel in Beziehung zum Mythos der Oktoberrevolution.

→ Text, M1, M3, M4, Internet

Die Weltmacht Sowjetunion und der Mythos Oktoberrevolution

Wer kein ideologisch gefestigter Kommunist war, konnte in den ersten Jahren nach 1917 über den Mythos vom „größten Ereignis" und „tiefgreifendsten Umbruch" der Menschheitsgeschichte noch milde oder verwundert den Kopf schütteln. Aber im Laufe der Jahre wurde die Bedeutung der bolschewistischen Machtergreifung vom Oktober 1917 immer deutlicher erkennbar, und genau diese Entwicklung trug dazu bei, den Mythos der Oktoberrevolution zu verstärken und weiter zu verbreiten. Es zeigte sich, dass mit der Oktoberrevolution nicht nur eine radikale politische, soziale, wirtschaftliche und kulturelle Umwälzung Russlands begonnen hatte, die aus dem Land den ersten kommunistisch regierten Staat der Erde machte. Die 1924 schließlich aus der Revolution hervorgegangene Sowjetunion (UdSSR) spielte bis zu ihrer Auflösung im Jahr 1991 eine zentrale weltpolitische Rolle, insbesondere als Siegermacht in dem vom nationalsozialistischen Deutschland entfesselten

Zweiten Weltkrieg, der nachfolgenden Teilung Europas und im Kalten Krieg ab 1947. Dieser war gekennzeichnet vom Ost-West-Gegensatz und der Systemkonkurrenz zwischen der von der Sowjetunion geführten kommunistischen, planwirtschaftlichen Welt auf der einen und der von den USA geleiteten demokratischen, kapitalistischen Welt auf der anderen Seite.

In dieser Zeit übte das sowjetische Modell insbesondere auf Unabhängigkeitsbewegungen in den Kolonien Afrikas und Asiens, aber auch auf China eine große Faszination und Wirkungsmacht aus. Gerade wegen ihres weltrevolutionären Anspruchs schieden sich an der bolschewistischen Revolution auch weltweit die Geister: Für die einen war sie ein hell leuchtender Wendepunkt der Menschheitsgeschichte, der zu sozialer Gerechtigkeit und Teilhabe, Frieden und Freiheit führen werde. Für die anderen war sie ein dunkler Irrweg in Terror und Gewalt und die

M 1 *Militärparade anlässlich des 51. Jahrestages der Oktoberrevolution auf dem Roten Platz in Moskau*
Foto, 1968

Sowjetunion das „Reich des Bösen", wie der US-amerikanische Präsident Ronald Reagan erstmals 1983 formulierte und damit gewissermaßen einen negativen Mythos verstärkte.

Es war selbstverständliche Pflicht der sozialistischen „Brudervölker", den Jahrestag der Revolution feierlich zu würdigen. Noch am 7. November 1989, zwei Tage vor dem Fall der Mauer, titelte das SED-Zentralorgan „Neues Deutschland" zur Feier des Tages: „Roter Oktober stieß das Tor zur Erneuerung der Welt auf. Bündnis DDR-Sowjetunion wird aufgrund gemeinsam anerkannter Erfordernisse gefestigt und ausgebaut" und übermittelte „Herzliche Glückwünsche der DDR an die Bürger der Sowjetunion". Bei diesen Jubelfeiern in der DDR und in anderen sozialistischen Staaten ging es nicht um das Ereignis selbst, das komplett in einem mythischen Nebel verschwand – die Feiern dienten vielmehr als Beleg für die Richtigkeit der marxistischen Geschichtstheorie. In einem Aufsatz zum 50. Jahrestag der Oktoberrevolution 1967 schrieben drei führende DDR-Historiker: „Die Große Sozialistische Oktoberrevolution war das Ergebnis der kapitalistischen Entwicklung. Es handelte sich also keineswegs nur um eine russische Angelegenheit, sondern um das gesetzmäßige Resultat eines gesellschaftlichen Prozesses von weltumspannender Allgemeingültigkeit."

 2 „40. Jahrestag der Sozialistischen Oktoberrevolution"
Sondermarke der DDR, 1957

 3 *Briefmarke mit dem „Sturm auf das Winterpalais"*
Sondermarke der Sowjetunion, 1987

Zum Gedenken an die Oktoberrevolution in der DDR

M 4 Erinnerung in der DDR

*„Zum 50. Jahrestag der Großen Sozialistischen Oktober-
revolution" wurde 1967 in einem Sonderheft der Reihe
„Deutsche Zeitschrift für Philosophie" folgender Artikel
verfasst. Die Zeitschrift erschien seit 1953 im Akademie-
Verlag in Ost-Berlin. Zu ihren Gründern gehörten Ernst
Bloch und Wolfgang Harich. Nach der Wende übernahm sie der Verlag de Gruyter. Der hier in Auszügen
abgedruckte Artikel ist der „Redaktion" zugeordnet:*

Wenn man die Probleme unserer Zeit, die Menschen,
Klassen und Völker bewegen und diese Zeit charakterisieren, in ihren Ursachen, ihrer Geschichte und in
ihrem Zusammenhang betrachtet, ganz gleich, ob es
5 sich um die Erhaltung des Weltfriedens, um die be-
wußte Gestaltung des gesellschaftlichen Lebens in
Gegenwart und Zukunft, um die nationalen Befrei-
ungsrevolutionen oder um die Meisterung der Aufga-
ben und der sozialen Auswirkungen der wissen-
10 schaftlich-technischen Revolution handelt, immer
wird man feststellen, daß die Existenz oder Lösung
dieser Probleme letztlich direkt oder indirekt durch
ein historisches Ereignis bedingt oder bestimmt wird:
durch die Große Sozialistische Oktoberrevolution.
15 Als im Jahre 1917 die russischen Arbeiter im Bündnis
mit den anderen werktätigen Schichten unter Führung der Partei der Bolschewiki die Herrschaft der
Kapitalisten und Gutsbesitzer in ihrem Land beseitig-
ten, die Macht der Arbeiter errichteten und die sozia-
20 listische Gesellschaft aufzubauen begannen, leiteten
sie nicht nur für ihr Land, sondern für die ganze
Menschheit eine neue Epoche ihrer Geschichte ein.

Dieser 1917 praktisch eingeleitete Prozeß veränderte
in der historisch kurzen Frist von 50 Jahren mit der
25 Entstehung des sozialistischen Weltsystems und dem
Zerfall des imperialistischen Kolonialsystems die
Welt von Grund auf. Unmittelbar verbunden mit dieser welthistorischen Umwälzung ist die marxistisch-
leninistische Philosophie als das wissenschaftlich
30 begründete Bewußtsein und Selbstbewusstsein ihres
revolutionären Subjektes: der Arbeiterklasse und ihrer marxistisch-leninistischen Partei. Diese Rolle
konnte die marxistische Philosophie nur deshalb
spielen, weil sie als konsequent wissenschaftliche
35 Weltanschauung der revolutionären Partei des Proletariats entstand, die dessen Lage, seine historische
Mission und die Bedingungen seiner Befreiung theo-
retisch reflektiert und die dazu notwendigen gesellschaftlichen Veränderungen in ständiger schöpferi-
40 scher Aneignung der Erfahrungen des revolutionären
Kampfes und der Ergebnisse der Wissenschaft theo-
retisch konzipiert. Als sozialistische Ideologie orientiert sie die werktätigen Massen auf die historisch
konkrete revolutionäre Praxis. Damals wie heute er-
45 weist sich die marxistisch-leninistische Philosophie
nur auf dieser Klassengrundlage als die geistige, phi-
losophisch-theoretische und politisch-ideologische
Macht, die das Wissen der Zeit aufnehmend auf die
brennenden Probleme der Epoche eine humanisti-
50 sche, wissenschaftlich begründete Antwort zu geben
in der Lage ist.

*(o. N.): „Zum 50. Jahrestag der Großen Sozialistischen Oktoberre-
volution"; in: Deutsche Zeitschrift für Philosophie. Sonderheft 3
(12/1967), Berlin: VEB Deutscher Verlag der Wissenschaften 1967,
S. 5, Walter de Gruyter GmbH, Berlin.*

M 5 Kundgebung zum „Fest der Freundschaft" in Leipzig anlässlich des 50. Jahrestages der „Großen Sozialistischen Oktoberrevolution"

*Die FDJ-Mitglieder halten Emble-
me der sowjetischen Leninpioniere
Komsomol und der DDR-Jungpio-
niere hoch, Foto, Leipzig,
13.10.1967*

M 6 Zum Umgang der DDR mit der Oktoberrevolution

Der Historiker Alexander Schwarz schreibt (2017):

Fraglos war die „Große Sozialistische Oktoberrevolution" in der DDR jedes Jahr der Anlass zu Fahnenappellen, Feiern, Ansprachen und zur Verleihung von Auszeichnungen am 7. November. Rituell wurden der
5 Bruderbund und die Freundschaft mit der UdSSR beschworen, bis zum 7. November 1989, zwei Tage vor dem Mauerfall. Selbstredend gaben gerade die großen Jubiläen 1957, 1967 und 1977 Anlass für große geplante Feierlichkeiten, Konferenzen, Fernsehpro-
10 gramme und Filmabende […].
Auffällig ist: Die Oktoberrevolution galt als „Gründungsurkunde" der SED-Diktatur und blieb doch abstrakt und formelhaft. Lieber sprach man im eigenen Land von „antifaschistisch-demokratischer Umwäl-
15 zung" als von Revolution. Die Darstellung der russischen Revolution, etwa in den Ausstellungen des Museums für Deutsche Geschichte in Ostberlin, war immer eher wenig attraktiv und anschaulich, trotz des narrativen Anspruches: Ein paar Tafeln, ein Mo-
20 dell des Panzerkreuzers Aurora im Maßstab 1:100, einige Dokumente, eine Armbinde eines Mitglieds des Revolutionären Militärkomitees in Moskau, „eine rote Fahne revolutionärer russischer Soldaten, die im Frühjahr 1918 an der Ostfront dem Soldatenrat des
25 106. Leipziger Infanterieregiments übergeben worden war". Selbstverständlich bediente man sich der von der Sowjetunion etablierten „Ikonen" und privilegierten Zeichen: Lenin und Stalin, die Aurora, die Rote Fahne, Symbole der Industrialisierung wie des
30 Kreml als Machtzentrum. Es war nicht immer leicht, die jeweils aktuell geltenden Sprachregelungen aus Moskau entsprechend umzusetzen, besonders nach den Umbruchjahren 1953 oder 1961. Doch gerade die

Linientreuen der SED hoben immer hervor, dass es
35 bei der Darstellung der Oktoberrevolution weniger um die revolutionären Geschehnisse als um eine historische Entwicklungstheorie ginge. Legitimationsfragen wurden zumeist allerdings über Rückbezüge auf die ostdeutsche Gegenwart beantwortet. Die Ok-
40 toberrevolution war kein „Erinnerungsort, weil sie in der Zeit des Kalten Krieges gar nicht zu einer abgeschlossenen Vergangenheit wurde(n), die der Erinnerung bedurfte, um nicht in Vergessenheit zu geraten" (Martin Sabrow). Die sozialistische Utopie und Em-
45 phase des Umsturzes waren dem Glauben an gesetzmäßigen Fortschritt gewichen. Und so war auch kein Bedarf an „üppig ausgestalteten und medial aufbereiteten Erzählungen", um „an den welthistorischen Auftakt der sozialistischen Zeitenwende" zu erinnern
50 (Martin Sabrow). Deshalb hatte auch die Bilderwelt mittels derer die Oktoberrevolution gefeiert wurde, starken Formel- und Zitatcharakter. Interessanterweise gibt es wohl keinen echten eigenständigen DDR-Spielfilm zur Oktoberrevolution. Zwar wurden
55 viele Fernsehspiele und historische Dokumentationen wie der große historische Zweiteiler „Das russische Wunder" von Annelie und Andrew Thorndike (1959 – 63) produziert. Und es gab natürlich auch stundenlange Fernsehübertragungen der Militärpa-
60 raden des 7. November auf dem Roten Platz oder von Umzügen, Fahnenweihen etc. in der DDR, aber eben keine große filmische Darstellung des Oktobermythos. Die Deutungshoheit für dieses Ereignis lag beim Großen Bruderstaat. Die DEFA bemühte sich
65 hingegen um einen Bezug zu Ostdeutschland und dabei auch um deutsch-russische Koproduktionen, die damit ideologisch doppelt abgesichert waren.

Alexander Schwarz: „,Revolutionsbilder' – Das Bildgedächtnis der Oktoberrevolution in der Sowjetunion und in der DDR"; in: Jörg Ganzenmüller (Hg.), Die Oktoberrevolution 1917. Vom Ereignis zum Mythos, Weimar: Siftung Ettersberg 2017, S. 97 f.

---

1. a) ●●○ Skizzieren Sie den Umgang mit der Oktoberrevolution in der Sowjeunion.
b) ●●● Fassen Sie die zentralen Aussagen des Beitrags zum 50. Jahrestag der Oktoberrevolution aus der DDR-Zeitschrift (M4) zusammen. Überprüfen Sie anschließend, ob der Artikel „formelhaft und abstrakt" der Oktoberrevolution gedenkt. Erschließen Sie dazu die Ausführungen des Historikers Alexander Schwarz (M6).

c) ●●● Erklären Sie die Aussage des Historikers Alexander Schwarz (M6), der SED ginge „es bei der Darstellung der Oktoberrevolution weniger um die revolutionären Geschehnisse als um eine historische Entwicklungstheorie" (Z. 33 ff.) und nehmen Sie dazu Stellung.
→ Text, M4, M6, Internet

Der Untergang der Sowjetunion und der Umgang mit dem Mythos in Russland

Mit dem ab 1989 beginnenden Zusammenbruch der kommunistischen Welt und dem Untergang der Sowjetunion 1991 verlor der Mythos Oktoberrevolution seine ursprüngliche Grundlage. Im Hinblick auf den nachfolgenden Umgang mit dem Thema fällt auf, dass der Mythos Oktoberrevolution in Russland nicht einfach verblasste oder gar verschwand, sondern dass die politischen Führungen ihn – wie auch den Gedenktag selbst – im Laufe der Jahre aktiv umformten.

In den frühen 1990er-Jahren verlor die kommunistische Idee und mit ihr der „Rote Oktober" in Russland rapide an Ansehen. Wichtige Etappen dieses Macht- und Ansehensverlusts waren der KGB-Putsch gegen Michail Gorbatschow (1931 – 2022) im August 1991, die Auflösung der Sowjetunion und das Verbot der KPdSU in Russland Ende 1991 sowie schließlich der Konflikt zwischen dem russischen Präsidenten Boris Jelzin (1931 – 2007) und dem noch zu Sowjetzeiten gewählten Kongress der Volksdeputierten („Oberster Sowjet"), der im Oktober 1993 im Panzerbeschuss des Weißen Hauses in Moskau kulminierte.

Vor diesem Hintergrund wurde die bolschewistische Machtübernahme 1917 von der politischen Führung um Jelzin, aber auch in Presse und Publizistik nun als „nationale Tragödie" und „Smuta" („Zeit der Wirren") interpretiert. Eine Smuta hatte Russland schon einmal um 1600 durchlaufen, bevor schließlich die Romanows auf den Zarenthron gelangten. Die Ereignisse vom Oktober 1917 waren aus diesem Blickwinkel keine Revolution, die in einer Linie stand mit der Französischen Revolution von 1789, sondern ein von Fanatikern vollführter Umsturz, der das Land in eine Ära der Wirren und in eine Sackgasse manövriert habe.

Jelzin versuchte zudem seit 1995, das Gedenken an die Oktoberrevolution – das zu diesem Zeitpunkt ohnehin nur von Kommunisten gepflegt wurde – zu überlagern, indem er einen alten orthodoxen Feiertag wiederbelebte und just auf den 7. November legte: den „Tag der Befreiung Moskaus von den polnischen Interventen", ein ebenfalls mythenumwobenes Ereignis, das 1612 stattgefunden haben soll und das Ende der ersten Smuta markiert. Ein Jahr später, 1996, erklärte Jelzin den 7. November per Dekret zum „Tag der Eintracht und Versöhnung" und forderte dazu auf, als Lehre aus den Ereignissen von 1917 die Einigkeit des Landes zu fördern und keine neuen Konfrontationen zuzulassen. Solche Konfrontationen waren allerdings nicht fern, denn die radikalen liberalen

M 1 *Gestürztes Lenin-Denkmal in Vilnius (Litauen)* *Foto, 1991*

Reformen der frühen 1990er-Jahre hatten in Russland erhebliche soziale und wirtschaftliche Verwerfungen ausgelöst. Der deswegen mehr und mehr aufkommenden Sowjetnostalgie und dem wachsenden nationalistischen Lager versuchte Jelzin entgegenzukommen, indem er die Feierlichkeiten zum „Tag des Sieges" am 9. Mai, also die Siegeserinnerung an den „Großen Vaterländischen Krieg" 1941–1945, wiederbelebte. Mit diesen Versuchen historischer Sinnstiftung legte Boris Jelzin wesentliche Grundlagen für die aktuelle Geschichts- und Erinnerungspolitik Wladimir Putins.

Im Unterschied zu Jelzin setzte und setzt Putin die Geschichte gezielt und bewusst für seine Machtinteressen ein. Dies gilt auch für den Umgang mit der Oktoberrevolution, wie ein Blick auf die Festtagspolitik zeigt: 2004 entschied Putin, den von Jelzin auf den 7. November festgesetzten Erinnerungstag auf den 4. November zu verlegen, ihm den Namen „Tag der Einheit des Volkes" zu geben und ihn arbeitsfrei zu stellen. Der 7. November, der ursprüngliche Feiertag der Oktoberrevolution, war nicht mehr arbeitsfrei, wurde aber jetzt neu zum „Tag des militärischen Ruhmes" erklärt. Das Datum sollte nun an den Tag der Parade auf dem Roten Platz anlässlich des 24. Jahrestages der Oktoberrevolution 1941 erinnern, der während des Krieges gegen das nationalsozialistische Deutsche Reich begangen wurde. Die Soldaten, die an diesem Tag an der Parade teilgenommen hatten, waren anschließend an die Front gezogen und hatten

erfolgreich das von deutschen Truppen bedrohte Moskau verteidigt. Mit dieser etwas komplizierten Konstruktion verbindet die Putin'sche Geschichtspolitik das machtstaatliche Erbe der Sowjetunion und die russische Gegenwart.

Die bolschewistische Revolution bleibt aus dieser Sicht eine tragische Epoche, wie überhaupt jede Revolution abzulehnen ist, weil sie die „Stabilität" – eine sehr häufig verwendete Floskel – von Staat und Gesellschaft untergräbt. Diese Position verstärkte die Putin-Administration noch einmal nach den sogenannten „bunten Revolutionen" in vielen ehemaligen Sowjetrepubliken (z. B. Georgien 2003, Ukraine 2004, Kirgistan 2005, erneut Ukraine 2013/14). Auch das Handeln Lenins sieht die aktuelle russische Führung sehr kritisch: Lenin habe das Land ins Chaos gestürzt und die „Katastrophe des Imperiums" zu verantworten – die Niederlage im Ersten Weltkrieg, den Bürgerkrieg und vor allem auch den Verlust von Regionen (nun souveränen Staaten), die einstmals dem Russischen Reich angehört hatten. Diese Entwicklung haben erst Stalin und der „Große Vaterländische Krieg" aufgehalten. Es geht bei der auffälligen Aufwertung Stalins in den letzten Jahren also überhaupt nicht um dessen Politik und Rolle als Kommunist, sondern um die Wiederherstellung des Imperiums durch seine entschlossene Führung. Es ist diese Idee des imperialen russischen Staates, in der sich Putin wiederfindet.

M 2 *Feier zum 98. Jahrestag der Oktoberrevolution auf dem Roten Platz in Moskau* Foto, 7. November 2015

Wie Russland heute der Oktoberrevolution gedenkt

 M 3   Erinnern und Vergessen

Die Osteuropahistorikerin Ekaterina Makhotina schreibt über das heutige Gedenken an die Oktoberrevolution (2017):

Die Revolution 1917 stellt im heutigen Russland eher ein Objekt der Vergessensforschung und Verdrängungskultur dar, denn ein Bestandteil einer aktiven Erinnerungspolitik.

5 Das offizielle Beschweigen dieses Weltereignisses steht im deutlichen Gegensatz dazu, wie das Jahr 1917 von Zeitgenossen wahrgenommen wurde. Von den einen wurde sie als verheißungsvoller Auftakt einer neuen Zeit, ein Aufbruch in eine bessere Zu-
10 kunft aufgefasst, von anderen als fürchterliche Strafe Gottes, aber es war der zentrale Gegenstand intellektueller Bemühungen dieser Zeit.

Nichts davon ist heute wahrnehmbar. Die Revolution wird provinzialisiert und als Putsch einer fanatischen
15 Minderheit, der Partei der Bolschewiki marginalisiert. Die gesamten revolutionären Prozesse im russischen Reich im letzten Drittel des 19. und ersten Drittel des 20. Jahrhunderts werden auf die bolschewistische Machtübernahme vom 25./26. Oktober
20 1917 (7./8. November nach gregorianischem Kalender) in Petrograd reduziert. Zumindest wird die Revolution in Russland nicht als globales Weltereignis erinnert, sondern als Chaos, das zum Zerfall des Kaiserreichs und Bürgerkrieg geführt hat.

25 In jeder anderen Großstadt Europas – von Amsterdam bis Zürich – sieht man im öffentlichen Raum mehr Spuren des 100. Jubiläums, als in Moskau oder St. Petersburg. Weder hier noch dort wurde die Revolution in die touristische Infrastruktur integriert.
30 Zwar gibt es thematische Ausstellungen und wissenschaftliche Vortragsreihen, aber man vermisst – vor allem in St. Petersburg, der „Wiege der Revolutionen" – ein breit aufgestelltes, auf ein Laienpublikum gerichtetes Programm, welches von der Zentralität
35 des Ereignisses für das gesellschaftliche Leben zeugen würde.

Die Beobachtung, dass die Revolution verdrängt und vergessen wird, berührt unmittelbar die Frage nach den Inhalten, an die man sich stattdessen „aktiv erin-
40 nert". Hier lohnt sich der Blick nicht nur auf die Geschichtspolitik (also staatliches Handeln, das bisweilen die Hegemonie einer bestimmten Interpretation der Vergangenheit anstrebt), sondern auch auf die verschiedenen gesellschaftlichen Interpretationen.

45 **Russische Revolution im Schatten …**

… militärischen Ruhmes

Die offizielle Haltung des Staates zum Jahr 1917 besteht in der Beteuerung von Versöhnung und natio-
50 naler Eintracht als wichtigster Lehre der Revolution. Für den Kreml war dieses Jubiläum zwar unbequem, ganz ausblenden könnte man es jedoch auch nicht. Erst sehr spät, Ende des Jahres 2016, begann der Kreml mit den Vorbereitungen zu Jubiläumsfeierlich-
55 keiten und formulierte den Slogan des Gedenkjahres: „Die Revolution darf sich nicht wiederholen!".

So formulierte Wladimir Putin in seiner Rede vor der Föderalversammlung die Hauptlinie des Erinnerungsdiskurses für das Gedenkjahr 2017 – elf Monate
60 vor dem Jahrestag der Oktoberrevolution und nur zwei Monate vor dem Tag der Februarrevolution. Der Vergleich mit den langfristigen Vorbereitungen für andere Feierlichkeiten, wie beispielsweise den „Tag des Sieges" (9. Mai 1945), macht den stiefmütterli-
65 chen Umgang des Kremls mit dem Thema Revolution deutlich. [...] Das Erinnern an das Jahr 1917 beschränkt sich auf die Dämonisierung der Revolution als politische Praxis, stattdessen werden das Mantra der „Evolution statt Revolution" und die Stabilität
70 hochgehalten. Durch den Hinweis auf die „farbigen Revolutionen" in vielen der ehemaligen Sowjetrepubliken sollen Schreckensszenarien von Chaos, Bürgerkrieg und Blutvergießen im gesellschaftlichen Bewusstsein verankert werden.

75 In dieser Deutung werden die Bolschewiki also nicht wegen ihres Kampfes für den Kommunismus kritisiert, sondern wegen ihres „Unpatriotismus" und des „nationalen Verrates". Mit Lenins Internationalismus, weit bekannt durch seinen Satz „Es geht nicht um
80 Russland, darauf pfeife ich, meine Herrschaften", können weder Kreml noch die meisten Russen etwas anfangen.

Populismus ist ein Stichwort, das fällt, wenn über die Funktionsweise der Geschichtspolitik gesprochen
85 wird. Diese besteht, sehr allgemein gesprochen, aus einem selektiven Rückgriff auf die ruhmreichen Ereignisse der russischen „tausendjährigen Geschichte". Dieser Strategie folgend, werden Motive ausgewählt, die die aktuellen Machtverhältnisse legi-
90 timieren. Im Zentrum des Narrativs steht der Sieg im „Großen Vaterländischen Krieg" 1941 – 1945. [...] Eine weitere Taktik, die Erinnerung an die Revolution vereinbar zu halten, besteht in der Kompromissfindung bei der Begriffsfrage. Die zum Teil gegen-

95 sätzlichen Begriffe (vom „Großen Oktober" bis zum „Putsch") sind von der Kommission, die sich mit der Ausarbeitung des einheitlichen Schulbuchs befasst, auf einen Nenner gebracht worden: „Große Russische Revolution". Mit diesem Begriff werden die Februar-
100 revolution, die Oktoberrevolution und die Zeit dazwischen zusammengefasst. Das Kapitel, das die Jahre 1914 – 1922 behandelt, heißt „Große Erschütterungen". Die Revolution wird gleichsam von den beiden Kriegen, dem Ersten Weltkrieg und dem Bürgerkrieg,
105 umrahmt, was ihren tragischen Charakter betonen soll.

... des Imperiums

In der national-konservativen Interpretation wird die
110 Revolution als Katastrophe gedeutet, die von Feinden des russischen Volkes ausgetragen wurde. Die Bolschewiki erscheinen als Vertreter feindlicher, ausländischer Interessen, haben sie doch ein westliches, den Russen „wesensfremdes" Ideengebäude, den Kommu-
115 nismus, etabliert und die Staatlichkeit (das Russische Kaiserreich) zerstört. Das „Desaster von 1917" war in diesem Modell die Folge subjektiver Faktoren und irrational handelnder Personen, wie der bolschewistischen „Fanatiker", der Freimaurer, der jüdischen
120 Verschwörung oder ausländischer Agenten.
Da die Größe des Staates als Bewertungsmaßstab dient, erscheint der Sieg im „Großen Vaterländischen Krieg" dann doch eher als etwas, was die Konservativen mit der sowjetischen Macht versöhnen könnte.
125 Schließlich habe das sowjetische „Imperium" seine größte Ausdehnung als Folge des Zweiten Weltkrieges erfahren.

... des Jahres 1937
130 Während in der oben aufgeführten Interpretation die Revolution im Schatten von 1945 steht, steht sie in der liberalen Deutung im Schatten von 1937. Hier gibt es eine strikte Trennung zwischen der Februar- und der Oktoberrevolution. Während die Februarre-
135 volution als Reaktion auf eine tiefe Systemkrise des Zarenreiches interpretiert und somit als folgerichtig und unumgänglich gedeutet wird, erklärt es den Oktober zum gewaltsamen Umsturz einer Partei, die es lediglich im richtigen Moment verstanden hatte, das
140 Volk zu mobilisieren. Die Februarrevolution erlebte als Durchbruch der Demokratie im Oktober 1917 ihr Scheitern und das Land erfuhr den Beginn einer totalitären und verbrecherischen Entwicklung. Bei der Betrachtung der Oktoberrevolution liegt der Fokus
145 auf den Instrumenten der Gewalt und des Terrors, die seit der Machtübernahme der Bolschewiki geschaffen wurden. Das verbrecherische Morden Stalins im Großen Terror erscheint hier als logische Folge der Oktoberrevolution 1917.

... Stalins

Es sind lediglich die Kommunisten in Russland – die „Kommunistische Partei der Russischen Föderation" (KPRF) seit 1993 und die Partei „Kommunisten Russ-
155 lands" (seit 2012) –, die die Oktoberrevolution, Kommunismus und Lenin als positive Erinnerung aufrechterhalten. Schließlich können die Kommunisten nicht zulassen, dass Wladimir Lenin, der Anführer der Sozialistischen Revolution, oder der Gründungs-
160 mythos des Sowjetstaates – der „Rote Oktober" – einer absoluten Verdammung anheimfällt.
Lenin ist als „Anführer des Weltproletariats" bei Kommunisten ein unverzichtbares Symbol. Für die politische Praxis ziehen die Kommunisten jedoch
165 Stalinsche politische Ideen vor. Es mag einen wundern, dass in Russland auf dem „linken" politischen Flügel Stalin und nicht Lenin populärer ist. Setzt man sich mit der Ideologie der Kommunisten von heute auseinander, wird die Ambivalenz deutlich: Ihre
170 Ideologie ist sowjetnostalgisch und an national-konservative Positionen angelehnt. So ist es Stalin, der Lenin im Jahr 2017 in den Schatten stellt. Er tritt als Symbol der Kapitalismuskritik auf, als „großer Führer" und „gerechter Herrscher". Wenn Kommunisten
175 auf ihren Antikorruptionsplakaten mit Stalin werben, dann setzen sie die „Ordnung" unter Stalin dem „entfesselten", „korrumpierten", vom Westen aufgenötigten Kapitalismus entgegen.

Ekaterina Makhotina: „Analyse: Erinnern und Vergessen Wie Russland heute der Oktoberrevolution gedenkt" (07.11.2017); https://www.bpb.de/themen/europa/russlandanalysen/nr-343/259063/analyse-erinnern-und-vergessen-wierussland-heute-der-oktoberrevolution-gedenkt/ [letzter Zugriff: 01.08.2024].

• •

1. a) ●●○ Erläutern Sie den Umgang mit dem Mythos Oktoberrevolution in Russland nach dem Ende der Sowjetunion und gehen Sie dabei besonders auf die Bedeutung ein, die Lenin und Stalin beigemessen wurde.

b) ●●○ Sellen Sie Ausführungen Ekaterina Makhotinas zum Gedenken an die Oktoberrevolution (M3) in einer Mind Map dar.

c) ●●● Setzen Sie sich kritisch mit dem gegenwärtigen Umgang mit der Oktoberrevolution in Russland auseinander.

d) ●●● Entwickeln und diskutieren Sie Möglichkeiten und Probleme eines gegenwärtigen Gedenkens an die Oktoberrevolution.

→ Text, M1, M2, M3

M 1   Einheitsfeier in Berlin
Vor dem Reichstagsgebäude am 3. Oktober 1990

M 2   Nationalfeiertag in den USA
4. Juli 2007

Nationale Gedenk- und Feiertage in verschiedenen Ländern

Am 14. Juli ist Nationalfeiertag in Frankreich, am 4. Juli in den USA, am 3. Oktober in Deutschland, am 3. Mai in Polen. Diese Daten beziehen sich auf wichtige historische Ereignisse der Nationen: auf die Erstürmung der Bastille zu Beginn der Französischen Revolution, auf die Unabhängigkeitserklärung der englischen Kolonien in Amerika, auf die deutsche Wiedervereinigung und den Tag der polnischen Verfassung. Neben den Nationalfeiertagen gibt es noch zahlreiche andere Feier- und Gedenktage, die von Menschengruppen oder Nationen in besonderer Weise begangen werden. Der 9. November ist aufgrund der verschiedenen Ereignisse, die sich in der Vergangenheit an diesem Tag ereignet haben, in Deutschland in gewisser Weise Gedenk- und Feiertag zugleich.

Gedenktage besitzen zu allen Zeiten und in allen Kulturen eine wichtige Funktion: Sie dienen einer gemeinsamen, symbolisch verdichteten Erinnerung; sie sind Formen „einer öffentlichen Erinnerung an Ereignisse, Personen oder datierbare Sachverhalte, denen eine gesellschaftliche, nationale, übernationale oder gar universalhistorische Bedeutung zugemessen wird" (Klaus Bergmann). Gedenktage bilden damit einen wichtigen Teil des „kulturellen Gedächtnisses" (Aleida Assmann) einer Gesellschaft. Sie dienen aber auch politischen Zielsetzungen: Aus der Geschichte wird herauskristallisiert, was politisch „passt" und nützlich ist („Geschichtspolitik").

Aus der Form und dem Inhalt von Gedenktagen ergeben sich wichtige Erkenntnisse über das kollektive Gedächtnis einer Gesellschaft. Zugleich lassen Inhalte und Formen aber auch Rückschlüsse auf die gesellschaftlich ge-

wünschten Deutungen der Vergangenheit zu. So nutzen Regierungen öffentliche Gedenktage gerne dazu, die Geschichte im Hinblick auf aktuelle Situationen zu interpretieren, ja sie für eigene politische Vorhaben zu instrumentalisieren. Auf diese Weise strebt man nach allgemeiner Zustimmung, bedient das Bedürfnis nach nationaler Identität und hofft, das aktuell bestehende System zu stabilisieren.

Der politische Zustand einer Gesellschaft lässt sich daher auch danach beurteilen, in welchem Maße und auf welche Weise über die Sinngebung von Gedenktagen öffentlich diskutiert und gestritten wird und werden kann.

Gedenktage passen sich in der Regel den sich wandelnden historischen Kontexten an; sie nehmen neue Formen der Vermittlung (z. B. Feiern als großes Medienereignis) oder neu entstandene Kommunikationsformen auf (z. B. Internetplattformen oder soziale Netzwerke). Auf diese Weise finden sie eine größere Resonanz. Nach politischen Brüchen können Gedenktage aber auch „getilgt" werden, wenn sie einer neuen Werteordnung nicht mehr entsprechen (z. B. „Kaisergeburtstag", „Führergeburtstag", „17. Juni").

Gedenktage folgen oft einem bestimmten Ablauf, der sich mitunter an der kirchlichen Liturgie orientiert. Dabei wird ein spezielles, meist feierliches Protokoll bevorzugt, besondere Personengruppen werden hervorgehoben, Festreden gehalten etc. Viele anlässlich von Gedenktagen stattfindende Veranstaltungen bieten keine wissenschaftliche Auseinandersetzung mit der Vergangenheit, sondern sie versuchen, die Gegenwart emotional zur Geschichte in Beziehung zu setzen.

Leitfragen

- **Was macht Gedenktage zu einer besonderen Form historisch-politischer Bildung und welche Intentionen verknüpfen sich mit ihrer Einrichtung?**
- **Welche unterschiedlichen Perspektiven (politisch, kulturell, national) liegen der Begehung von Gedenktagen zugrunde?**
- **Wie gestaltet sich der Umgang mit Erinnerung an nationalen Gedenk- und Feiertagen und wie lassen sich die Intentionen solcher Rekonstruktionen bewerten?**

Orientierung: Gedenk- und Feiertage

 3　Wandel der Jubiläumsinszenierungen

In seinem Überblick führt der Historiker Winfried Müller über die Geschichte der Gedenk- und Feiertage im 19. und 20. Jahrhundert aus (2020):

Die große Zeit der bürgerlichen Jubiläumsinszenierungen wurde gleichwohl erst das 19. Jahrhundert, als Dienst-, Amts- oder Firmenjubiläen zu Taktgebern der privaten und öffentlichen Festkultur wur-
5　den.
Dieser Jubiläumsboom ist zum einen vor dem Hintergrund einer deutlichen Intensivierung von Zeiterfahrung und -wahrnehmung zu sehen. Feste Dienstzeiten, die sich bei Beamten bis heute im Jubi-
10　läumsdienstalter niederschlagen, der Ausbau der öffentlichen Verwaltung mit der präzisen Dokumentation von Geburts- und Sterbetag, von Schuleintritt und Eheschließung – dies alles präzisierte die Lebenszeit in einem bislang nicht gekannten Ausmaß
15　und arbeitete einem an messbaren Zeitintervallen orientierten Geschichtsdenken zu. Zum anderen ist der Jubiläumsboom des 19. Jahrhunderts aber auch auf die gewaltigen politischen Umbrüche der sogenannten Sattelzeit um 1800 zurückzuführen. Die
20　Französische Revolution und das Ende des Alten Reiches wurden vielfach als massiver Traditionsverlust empfunden, und nicht zuletzt durch den jubiläumszyklischen Rekurs [Rückgriff] auf die Vergangenheit sollte jene Treue zu den Institutionen wiederherge-
25　stellt werden, deren Auflösung Aufklärung und Revolution angelastet wurde. [...]
Diese monarchische Jubiläumskultur des 19. Jahrhunderts war in Deutschland einerseits einzelstaatlich-föderativ. Gleichzeitig gab es aber auch eine auf
30　den Prozess der Nationsbildung verweisende Jubiläumskultur, die sich in erster Linie mit den Symbolfiguren der Kulturnation, ihren Erfindern, Malern, Dichtern und Denkern verband – Johannes Gutenberg, Albrecht Dürer, bald dann auch Goethe und
35　Schiller; die 1859 deutschlandweit stattfindenden Feiern zu Schillers 100. Geburtstag waren eine der größten Jubiläumsveranstaltungen des 19. Jahrhunderts.
Wenn die Leistungen und Verdienste der Dynastien
40　und der „großen Söhne" des Vaterlandes jubiläumszyklisch inszeniert wurden, so verweist das auf die grundsätzlich affirmative [zustimmende] Qualität der Jubiläumskultur des 19. Jahrhunderts. Zugleich hatte diese exkludierenden [ausschließenden] Cha-
45　rakter, indem sie Feindbilder generierte. Bestes Beispiel hierfür sind die Erinnerungsfeiern an die Leipziger Völkerschlacht von 1813 im Vorfeld des Ersten Weltkriegs, als unter anderem 1913 im Rahmen der Einweihung des Völkerschlachtdenkmals sowohl das
50　nationale Gemeinschaftsbewusstsein durch einen zahlreiche deutsche Erinnerungsorte streifenden Sternlauf der deutschen Turnerschaft verstärkt als auch die „Erbfeindschaft" gegenüber Frankreich reaktualisiert wurde. Mit Blick auf diese Überhitzung
55　der Erinnerungsgemeinschaft wurde von einer nachgerade kriegstreibenden Rolle historischer Jubiläen gesprochen. Der Erste Weltkrieg als „Urkatastrophe des 20. Jahrhunderts" leitete aber auch eine Transformation der Erinnerungskultur ein, indem die „Sites of
60　Mourning" in den Vordergrund gerückt wurden. Diese Entwicklung setzte sich dann vor allem nach dem Zweiten Weltkrieg und dem Holocaust fort. Das historische Jubiläum konnte nicht mehr in der gewohnten Weise inszeniert werden. Nach dem nationalsozi-
65　alistischen Zivilisationsbruch ging es vielmehr um die Betonung des Neuanfangs, der mit der Formel von der „Stunde Null" auf den Punkt gebracht wurde.

Winfried Müller: „Das historische Jubiläum. Zur Karriere einer Zeitkonstruktion"; in: Bundeszentrale für politische Bildung (Hg.), ApuZ – Aus Politik und Zeitgeschichte. Beilage zur Wochenzeitung „Das Parlament" Nr. 33–34/2020, S. 12 f.

 4　Sind Gedenktage überflüssig?

Die Bedeutung der Gedenktage in der Gegenwart wird von dem Historiker Frank Bösch kritisch beleuchtet (2020):

Problematisch ist zunächst, dass die derzeit groß zelebrierten runden Jubiläen ein verengtes Geschichtsverständnis fördern. Während sich die Geschichtsvermittlung an den Schulen und Universitäten
5　mühsam vom Erlernen staatspolitischer Daten emanzipiert hat, verfestigt der Jahrestagsfetischismus diese erneut. Vor allem Kriege, Staatsgründungen oder Geburts- und Todestage großer Männer werden durch Jubiläen aufgewertet. Ähnlich wie im Schulun-
10　terricht der 1950er-Jahre gleicht die Geschichte so einem mit heroischen und tragischen Ereignissen gespickten Zeitstrahl. Medial ist das gut vermittelbar, da hierzu personalisierte Bilder und dramatische Erzählungen überliefert sind. Geschichte lässt sich so
15　ergreifend schildern, entlang Erfindungen genialer Männer, plötzlicher Kriegsausbrüche und opferrei-

cher Friedensschlüsse. Problematisch ist, was ausge-
blendet wird. Während sich die historische Forschung, der Schulunterricht und auch das familiäre
20 Gedächtnis längst an Themen und Fragen der Sozial-
und Kulturgeschichte orientiert, präsentieren Jahrestage oft ein antiquiertes Geschichtsbild. Der Alltag in
Diktatur und Demokratie verschwindet ebenso wie
Erklärungen für langfristige Veränderungen. [...]
25 Durch die kanonischen Jahrestage kommen viele Fragen, die wir heute diskutieren, kaum in das öffentliche Geschichtsbewusstsein. Klima- und Umwelt-
schutz, Migration oder Rassismus sind etwa bisher
kaum mit Jahrestagen verbunden, obgleich die Be-
30 deutung dieser Herausforderungen sicherlich nicht
gering ist. Wir feiern christliche Gedenktage, aber für
eine Auseinandersetzung mit dem Islam, der seit
Jahrzehnten in Deutschland beheimatet ist, gibt es
bislang keine runden Kalendertage, anhand derer die
35 Geschichte des Islam verhandelt werden könnte.
Auch die Genese wachsender sozialer Unterschiede
oder die neuen Dynamiken der Globalisierung haben
kein festes Startdatum und sind damit seltener Thema öffentlich geförderter historischer Bücher, Aus-
40 stellungen oder Festveranstaltungen.
Eine Möglichkeit zur Abhilfe wäre, den Kanon um
Ereignisse zu erweitern, die in Vergessenheit geraten
sind, aber aus heutiger Sicht wieder mehr Aufmerksamkeit verdienen. 2019 hatten etwa die erste Welt-
45 klimakonferenz und der erste große Störfall in einem
Atomkraftwerk, dem Reaktor nahe Harrisburg, ihren
40. Jahrestag, was Anlass für entsprechende zeithis-
torische Reflexionen zur Umweltgeschichte gegeben
hätte. [...]
50 Jahrestage bedienen vor allem die nationale Selbst-
verständigung. Staat und Politik nutzen sie, um Integration und Gemeinschaft zu fördern, Opfern zu gedenken oder mit Verweis auf die Geschichte die
Werte der Gegenwart zu akzentuieren. Damit veren-
55 gen sie die Geschichte oft auf heroische oder tragische Perspektiven. Die alte Bundesrepublik hat dabei
lange auf heroische nationale Jubiläumsfeiern verzichtet [...] [und] setzte angesichts der vielen Brüche
in der deutschen Geschichte dagegen auf „Trauer-
60 und Mahnjubiläen", um sich mit ihrer Geschichte
auseinanderzusetzen. Die Bewältigung des Todes
und des Leides trat in den Vordergrund, ebenso wie
die Auseinandersetzung mit Schuld, Vergebung und
Versöhnung. Heroische positive Gedenktage waren
65 mit den großen Dichtern, Denkern und Lenkern der
Geschichte sowie mit Stadtjubiläen verbunden, die
nationale und regionale Identität prägen sollten.

*Frank Bösch: „Im Bann der Jahrestage. Essay"; in: Bundeszentrale
für politische Bildung (Hg.), ApuZ – Aus Politik und Zeitgeschichte. Beilage zur Wochenzeitung „Das Parlament" Nr. 33–34/2020,
S. 30 ff. (verändert).*

Ⓜ 5 *„Gedenktag"*
Karikatur von Lo Graf von Blickensdorf, 2019

· ·

1. a) ●●○ Erläutern Sie die Bedeutung von Gedenktagen für die Erinnerungs- und Geschichtspolitik.
b) ●●○ Skizzieren Sie den Wandel der Jubiläumsinszenierungen vom 19. ins 20. Jahrhundert.
c) ●●○ Arbeiten Sie die Kritik von Frank Bösch (M4)
an den Jahrestagen heraus.
→ Text, M3, M4

2. a) ●●● Die Vereinten Nationen nennen auf der
Internetseite „https://unric.org/de/internationale-
tage/" zahlreiche „Internationale Tage". Wählen Sie
drei Tage aus und begründen Sie, ob man diesen
Tagen eine vermehrte mediale Aufmerksamkeit
schenken sollte.
b) ●●● Diskutieren Sie ihre Auswahl.
→ Text, Internet

3. ●●○ Analysieren Sie die Karikatur M5 und arbeiten
Sie die Kritik an den Gedenktagen heraus.
→ Text, M5

4. ●●● Setzen Sie sich mit der Aussage des Litera-
turwissenschaftlers Heinz Schlaffer auseinander,
dass das Feiern von Jahrestagen und Jubiläen „ein
Gedenken ohne Gedächtnis" fördere.
→ Text

TRAINING

Analyse von Gedenktagen

Fragestellungen zur Analyse von nationalen Gedenktagen

1. Was oder wer wird gefeiert?
Welche konkreten historischen Ereignisse und Personen werden von den Veranstaltern hervorgehoben und so für die Gegenwart genutzt (z. B. Kriege, militärische Siege, Staats- und Parteigründungen, Verfassungstage, Revolutionen, Aufstände, heroische Taten, Friedensschlüsse, Niederlagen, Attentate usw.)? Das Fehlen eines nationalen Gedenktages kann auch das Fehlen eines gesellschaftlichen Kompromisses über wichtige Grundlagen und über das Selbstverständnis eines Staates anzeigen.

2. Wie wird gefeiert?
Von großer Bedeutung ist die gesellschaftliche Akzeptanz von Gedenktagen:
Wie viele Besucher kommen zu den großen Feiern? Sind sie freiwillig da, oder ist die Teilnahme ein Zwang? In letzterem Fall: Mit welchen Sanktionen wird eine Nichtteilnahme belegt? Die Rezeption von Gedenktagen in der Bevölkerung ist ein wichtiges Analyseinstrument.

3. Welche Identität und Form der Gemeinschaft wird an dem Gedenktag vermittelt?
Historische Gedenktage trennen häufig das „Fremde" von dem „Eigenen". Sie sagen damit auch aus, welche historischen Ereignisse abgelehnt werden, z. B. Besetzungen durch fremde Mächte, militärische Niederlagen, Ablehnung politischer Systeme (Kommunisten, Faschisten), Ablehnung einzelner Religionen (Christen, „Ungläubige") oder Menschengruppen („Zigeuner"). Die Wechselwirkung von „Eigenem" und „Fremdem" eignet sich ebenfalls sehr gut zur Analyse von Gedenktagen.

4. Wie wird mit der Vergangenheit umgegangen?
Historische Gedenktage nutzen das „Material der Vergangenheit" in der Regel für politische Zwecke, betreiben also Geschichtspolitik. Dramatische Brüche, Gewalt, Siege oder Niederlagen, „schwarz" oder „weiß" stehen in der Bewertung häufig vor der Würdigung langwieriger Entwicklungsprozesse, mühseliger Kompromisse oder einem wissenschaftlich fundierten Urteil. Hinzu kommt allerdings, dass Gedenktage schon durch ihre Existenz selbst zur Reflexion und zur Aufarbeitung der Vergangenheit beitragen können, indem sie etwa provozieren, zum Nachdenken anregen, den politischen Konsens fördern oder aber Dissens aufdecken. Die jeweilige Zielrichtung – etwa Populismus versus Aufklärung, historische „Korrektheit" versus politische Manipulation – kann für eine Interpretation hilfreich sein.

5. Wie wird die Vergangenheit gedeutet?
Geschichtswissenschaftlich gesehen geben Gedenktage meist eine sehr komprimierte, oft auch einseitige Sicht wieder. Es geht fast immer um „große" Ereignisse mit scheinbar eindeutigen Bewertungen. Dies liegt in der Natur von Gedenktagen, die keine wissenschaftlichen Veranstaltungen sind.

6. Wie wird der Gedenktag medial und wirtschaftlich in Szene gesetzt?
Nicht zuletzt sind nationale Gedenkveranstaltungen heutzutage oft mediale und ökonomische Großereignisse und können auch als solche analysiert werden: Welche Größenordnung haben die Veranstaltungen? Von welchen Gruppen werden sie besucht? Wer richtet sie aus? Wer berichtet in welchen Medien darüber? Wer verdient daran?

4. Juli – Unabhängigkeitstag in den USA

Historischer Hintergrund

Der Unabhängigkeitstag ("Independence Day" oder auch "Fourth of July") erinnert an die Unabhängigkeitserklärung der Vereinigten Staaten durch den Kontinentalkongress, welche am 4. Juli 1776 unterschrieben wurde.

Seit den 1760er-Jahren verstärkten sich die Konflikte zwischen den Kolonien auf dem nordamerikanischen Kontinent und dem britischen Mutterland. So protestierten die Kolonien gegen den Versuch, sie zur Rückzahlung von Kriegsschulden heranzuziehen. Berühmt wurde die Boston Tea Party, als im Dezember 1773 Kolonisten Tee von Schiffen ins Wasser warfen, um keine Importsteuern zahlen zu müssen. 1774 trafen sich im Kontinentalkongress in Philadelphia Delegierte der Kolonien, um ihre Interessen gegenüber der Krone durchzusetzen. Der Konflikt verschärfte sich. Es kam im April 1775 zu einem ersten Gefecht zwischen Siedlern und britischen Truppen. Durch die Verbreitung der Schrift Common Sense von Thomas Paine wuchs Anfang 1776 in den britischen Kolonien der Wunsch, sich vom Mutterland zu lösen. Immer mehr Delegierte im Kontinentalkongress erhielten die Erlaubnis, für die Unabhängigkeit zu stimmen. Die einstimmige Abstimmung über die Unabhängigkeit der Kolonien vom Mutterland erfolgte schließlich am 2. Juli 1776. Nur der Staat New York hatte seine Delegierten noch nicht zur Zustimmung bevollmächtigt. In der Präambel der Unabhängigkeitserklärung wurde der damals revolutionäre Grundsatz betont, dass die Legitimität von Herrschaft an die Zustimmung der regierten Bevölkerung gebunden ist. Zu den weiteren Grundsätzen der Unabhängigkeits-

M 1 *Unabhängigkeitserklärung*
John Trumbull (1756–1843) arbeitete zwischen 1787 und 1818 an diesem Gemälde, auf dem John Adams (1735–1799) aus Massachusetts, Roger Sherman aus Connecticut, Robert Livingston aus New York, Thomas Jefferson (1743–1826) aus Virginia und Benjamin Franklin (1706–1790) aus Pennsylvania den Entwurf der Unabhängigkeitserklärung dem Präsidenten des Generalkongresses, John Hancock, überreichen.

erklärung gehören Ideen des Naturrechts („gleiche und unveräußerliche Rechte von Geburt an" auf „Leben, Freiheit und das Streben nach Glück") und des Vertragsdenkens der Aufklärung („alle Macht geht vom Volke aus", also Volkssouveränität).

Die Unabhängigkeit wurde von der britischen Krone nicht widerstandslos hingenommen, allerdings verteidigten die Amerikaner sie erfolgreich im Unabhängigkeitskrieg, der mit dem Frieden von Paris am 3. September 1783 endete.

Bedeutung des 4. Juli

Die patriotische und kulturelle Bedeutung des Unabhängigkeitstags ist in den USA sehr hoch. Bereits der erste Jahrestag der Unabhängigkeitserklärung wurde in Amerika mit Schüssen, Reden, Paraden und Feuerwerk gefeiert. In der Gegenwart picknicken viele Amerikaner am 4. Juli mit ihrer Familie und ihren Freunden. Des

Weiteren finden Paraden, Feuerwerke und Konzerte, aber auch kuriose Wettbewerbe wie Hotdog-Wettessen statt. Zahlreiche Filme, Songs und Romane thematisieren den Unabhängigkeitstag.

M 3   *Flagge der Vereinigten Staaten von Amerika aus dem Jahr 1777*
Nachzeichnung

M 2   *National-feiertag*
USA, Foto, 4. Juli 2016

4. Juli – Unabhängigkeitstag in den USA

Ⓜ 4 Zwischen Hegemonialgeschichte und Pluralismus

Die Amerikanistin Heike Paul über die amerikanische Gedenktage (2021):

In den USA beinhaltet der zivilreligiöse Kalender des nationalen Erinnerns traditionell den Unabhängigkeitstag (Fourth of July) und den Familienfeiertag Thanksgiving, aber auch Gedenktage, die den US-
5 amerikanischen Kriegen und ihren Opfern (Memorial Day) sowie dem nationalen Führungspersonal gewidmet sind (der Presidents' Day wird zu Ehren von George Washington und Abraham Lincoln begangen). Diese Feiertage werden meist staatstragend mit
10 rituellem Programm zelebriert. Die Auswahlkriterien für eine identitätsstiftende Erinnerungspolitik werden im Zuge einer breiten zivilgesellschaftlichen Diskussion zunehmend Gegenstand von Debatten – die Kulturhistorikerin Erika Doss spricht gar von einer
15 Memorial Mania. Die Verbindlichkeit des gemeinsamen Erinnerns und der Konsens darüber, was gedenkenswert und erinnerungswürdig ist, stehen dabei mitunter grundsätzlich zur Disposition.
Der Unabhängigkeitstag (Independence Day) hat
20 sich als ein beständiger Anlass der Erinnerung an die vielfältig mythisierte Staatsgründung und dabei als ideologisch durchaus elastisch erwiesen – auch, weil er ein emanzipatorisches Streben beschreibt, das immer wieder von unterschiedlichen Individuen und
25 Gruppen beansprucht wurde. So dient der symbolträchtige Feiertag nicht nur der Selbstvergewisserung der US-Bevölkerung als Bürgerinnen und Bürger einer souveränen Nation, sondern in der Populärkultur auch als Referenz für Unabhängig-
30 keits- und Befreiungsnarrative anderer Art: gegen die existenzielle Bedrohung der Welt durch Aliens im Film „Independence Day" (1996), als Erinnerung an einen grausamen Krieg in Vietnam in der Autobiografie des Veteranen Ron Kovic mit dem Titel „Born
35 on the Fourth of July" (1976, verfilmt von Oliver Stone 1989), als weibliche Ermächtigung gegen häusliche Gewalt im Country-Song „Independence Day" (1994) von Martina McBride, als Abschiedslied an den Vater im Kontext einer schwierigen Vater-Sohn-Be-
40 ziehung im gleichnamigen Song von Bruce Springsteen (1978), aber auch als Überwindung der Midlifecrisis in Richard Fords preisgekröntem Roman „Independence Day" (1995).

In all diesen Filmen und Texten von überwiegend
45 weißen US-Amerikanerinnen und US-Amerikanern ist der Unabhängigkeitstag nicht nur eine Chiffre für die nationale Geschichte, sondern auch für das damit verknüpfte individuelle Schicksal. Dabei war der Nationalfeiertag bereits früh auch Anlass zu heftiger
50 Kritik. Der Abolitionist [Gegner der Sklaverei] und Schriftsteller Frederick Douglass (1817 – 1895) fragte in einer seiner bedeutendsten Reden, die er am 5. Juli 1852 hielt: „Was bedeutet der 4. Juli für Sklaven?" („What to the Slave is the Fourth of July?") – und er
55 gab sich und seinem Publikum sogleich die Antwort darauf: In einem Land, in dem Sklaverei rechtmäßig existiert, ist der Unabhängigkeitstag ein Tag der Schande für die gesamte Nation. [...]
Die US-amerikanische Erinnerungskultur steht bald
60 wieder vor der Herausforderung, „affektive Dissonanzen" und andere Widersprüche zu bearbeiten, wenn es um die Feiern zum 250. Jahrestag der Unabhängigkeit geht: Die Planungen für den 4. Juli 2026 haben bereits begonnen. Auch hier geht es wieder
65 um Fragen der Zugehörigkeit und Inklusion, die bereits die Herausgeber des Bandes „Whose American Revolution Was It?" beschäftigt hat: Wessen Unabhängigkeit soll hier gefeiert werden? Wer sind die Idole dieses Ereignisses? Wie kann ein Programm
70 aussehen, das rückblickend dem Ereignis der Staatsgründung multiperspektivisch allen Bevölkerungsgruppen, Staatsbürgerinnen und -bürgern gleichermaßen gerecht wird? Ob dies gelingen kann und wird, bleibt abzuwarten.

Heike Paul: „Erinnerungskultur zwischen Hegemonialgeschichte und Pluralismus" (11.06.2021); https://www.bpb.de/internationales/ amerika/usa/334753/erinnerungskultur-zwischen-hegemonial geschichte-und-pluralismus [letzter Zugriff: 01.08.2024].

1. a) ●●○ Erläutern Sie die Bedeutung des Unabhängigkeitstages für die Vereinigten Staaten.
b) ●●● Arbeiten Sie die Kontroversen und strittigen Punkte um den 4. Juli heraus und setzen Sie sich mit ihnen auseinander.
c) ●●● Recherchieren Sie, wie gegenwärtig der Unabhängigkeitstag gefeiert wird.
→ Text, M4, Internet

Der 3. Mai in Polen – Tag der Verfassung

M 1 *Verfassung vom 3. Mai 1791*
Historiengemälde von Jan Matejko (1838 – 1893).
Die Szene zeigt den polnischen König Stanisław August zusammen mit Mitgliedern des Großen Sejm [Teil des Parlaments] und
Einwohnern von Warschau nach dem Erlassen der Verfassung.

In Polen werden zwei Nationalfeiertage begangen: Am Unabhängigkeitstag, dem 11. November, feiern die Polinnen und Polen die Unabhängigkeit ihres Landes, welche am 11. November 1918 nach 123 Jahren Fremdherrschaft wieder erlangt wurde. Der Tag der Verfassung wird am 3. Mai gefeiert. Diesen Nationalfeiertag richtete man zu Ehren der ersten Verfassung Polens ein, die am 3. Mai 1791 erlassen wurde. Die Verfassung der „Königlichen Republik der polnischen Krone und des Großfürstentums Litauen" gilt als die erste demokratische Verfassung Europas und ist die zweite moderne Verfassung nach der Verfassung der Vereinigten Staaten.

Die polnische Verfassung nahm Ideen französischer Aufklärer wie Rousseau und Montesquieu auf, zu denen die Volkssouveränität und die Gewaltenteilung zählten. Sie griff zudem vorhandene politische Rechtstraditionen zum Schutz der individuellen Freiheit vor königlichen Eingriffen auf, die bis ins 15. Jahrhundert zurückreichten. Die polnische Maiverfassung stand in starkem Gegensatz zur absoluten Herrschaft in den benachbarten Monarchien Österreich, Preußen und Russland, die keine Verfassung besaßen.

Die von dem polnischen König Stanisław August Poniatowski mit Vertretern des Parlaments erlassene Verfassung konnte allerdings nicht mehr umgesetzt werden. Bereits 1792 kam es zum Krieg mit Russland, Polen wurde nach der ersten Teilung (1772) im Jahr 1793 zum zweiten Mal geteilt. Nach der dritten Teilung im Jahr

1795 verschwand Polen für 123 Jahre von der politischen Landkarte.

Das Ziel der Verfassung, durch weitreichende Reformen den Staat zu festigen, indem man auf der einen Seite Privilegien des Adels verringerte und auf der anderen Seite dem Bürgertum politische Rechte und den leibeigenen Bauern größere Rechtssicherheit zugestand, war gescheitert.

Die Verfassung wurde zwar in ihrer Zeit nicht umgesetzt, blieb aber im Gedächtnis des polnischen Volkes verankert. Sie erhielt eine national überhöhte Funktion als hoffnungsvolles Symbol auf einen eigenen, unabhängigen polnischen Staat. Als 1918 wieder ein polnischer Staat entstand, führte man als Nationalfeiertag den „Tag der Verfassung von 1791" ein. Abgeschafft wurde der Feiertag von den Nationalsozialisten, auch in der sozialistischen Volksrepublik Polen gedachte man des Verfassungstages nicht. Der „Tag der Verfassung von 1791" wurde jedoch nicht vergessen. Polnische Demonstranten protestierten ab den 1970er-Jahren am 3. Mai gegen die sozialistische Regierung. Nach dem politischen Umbruch in Osteuropa wurde 1990 der „Tag der Verfassung" wieder zum Nationalfeiertag erklärt.

Die Teilung Polens 1772–1795

Polnische Staatsgebiete abgetreten an

- Preußen
- Russland
- Österreich

Staatsgrenze

Grenze des ehemaligen Polen von 1772

 2

 3 *Feiern zum Verfassungstag 2018*
Parade einer Gruppe der polnischen Kavallerie auf dem Marktplatz in Posen anlässlich der Feiern zum Verfassungstag, Foto, 3. Mai 2018.

Der 3. Mai in Polen – Tag der Verfassung

M 4 **Was wir von der ältesten Verfassung Europas lernen können**

Jolanta Róża Kozłowska, Botschafterin der Republik Polen in Österreich, und Donatas Kušlys, Botschafter der Republik Litauen in Österreich, äußern sich am 04.05.2021 zu der aktuellen Bedeutung der polnischen Maiverfassung 2021:

Gestern vor genau 230 Jahren, am 3. Mai 1791, definierte die Regierungsverordnung das politische System der Königlichen Republik der polnischen Krone und des Großfürstentums Litauen. Sie gilt als die ers-
5 te (einige Monate vor der französischen), schriftlich niedergelegte Verfassung in Europa und die zweitälteste der Welt nach der Verfassung der USA. Sie verkörpert einen wichtigen Teil des polnischen und litauischen Nationalbewusstseins sowie vieler anderer
10 Völker der Rzeczpospolita [Republik]. Diese Verfassung wird als Beweis für das Erreichen eines Gipfelpunkts in der politisch-rechtlichen Entwicklung der Ersten Republik Polen, einer staatlichen Realunion zweier Länder, angesehen. Aus diesem Grund wurde
15 der 3. Mai zum wichtigsten Nationalfeiertag Polens erklärt, ein Gedenktag, der auch in Litauen feierlich begangen wird. [...]
Die erste moderne Verfassung Europas stützte sich auf den Aufklärungsgedanken. Dadurch sollte nicht
20 nur der Staat saniert, sondern auch sein politisches System modernisiert und für die Zukunft gestärkt werden. Im Gegensatz zum österreichischen, preußischen und russischen Staatswesen wollte man keine absolute Monarchie etablieren, sondern ein neues
25 Konzept einführen, das die Rechte des Königs einschränkte und die Befugnisse des aus dem Adel bestehenden Sejm [Teil des Parlaments] stärkte.
Außerdem wurde eine praktische Lösung auf der administrativen Ebene durch die Einrichtung eines Ge-
30 setzesschutzorgans und staatlicher Kommissionen – vergleichbar mit modernen Ministerien – vorgesehen. Die Gewaltenteilung stützte sich auf das Konzept von Montesquieu und wurde mittels Statuten und Dekreten innerhalb weniger Monate ab Mitte 1791 bis Mit-
35 te 1792 in der gesamten Rzeczpospolita konsequent eingeführt. Besonders erwähnenswert ist, dass man es in dieser Zeit auch geschafft hat, die gegenseitigen Beziehungen der polnischen und litauischen Institutionen im Rahmen des neugestalteten konstitutionel-
40 len Systems zu definieren. Dieses Einvernehmen wurde durch den Sejm am 20. Oktober 1791 einstimmig beschlossen und dem gemeinsamen rechtlichen

Fundament in Form der sogenannten „Gegenseitigen Verbürgung Beider Nationen" hinzugefügt. Dieses
45 für beide Teile der polnisch-litauischen Monarchie außerordentlich wichtige Ereignis trug den Bemühungen beider Völker Rechnung, den gemeinsamen, auf einer Union basierenden Staat zu erhalten.
Die Hauptverfasser der Verfassung vom 3. Mai – Kö-
50 nig Stanisław August Poniatowski, Ignacy Potocki, Hugo Kołłątaj und Stanisław Małachowski – beabsichtigten keine Einschränkung der republikanischen Freiheit der Rzeczpospolita. Ihr Ziel war vielmehr, sie zu modernisieren, auszuweiten und abzusichern. Ihr
55 Haupterfolg bestand in der Erarbeitung einer Kompromisslösung, die vom Sejm und dem Adel akzeptiert wurde. [...]
Aus der Perspektive von fast zweieinhalb Jahrhunderten sollte man sich die Bedeutung dieses Rechts-
60 dokument für Polen, Litauen und Europa sowohl aus historischer als auch zeitgenössischer Sicht vor Augen halten. [...] Diese von der Geschichte fast vergessene Pionierleistung der polnischen und litauischen Politik kann zur Reflexion anregen. Denn die wich-
65 tigsten Botschaften sind der Freiheitsinn und der Solidaritätsgedanke – Werte, die bei Polen, Litauern und anderen Völkern unseres Teils von Europa einen hohen Stellenwert genießen. Genau diese Grundpfeiler kennzeichnen das Gewicht und die Zeitlosigkeit
70 der Verfassung vom 3. Mai. Sie stellt die Fähigkeit, gemeinsam eine bessere Zukunft bauen zu können, unter Beweis und kann zurecht als Inspiration für ganz Europa bezeichnet werden.

Jolanta Róża Kozłowska, Donatas Kušlys: „Was wir von der ältesten Verfassung Europas lernen können. Gastkommentar"; in: Die Presse (04.05.2021), Die Presse Verlags-Gesellschaft m.b.H. & Co KG, Wien; https://www.diepresse.com/5974935/was-wir-von-der-aeltesten-verfassung-europas-lernen-koennen [letzter Zugriff: 01.08.2024].

● ●

1. a) ● ● ○ Beschreiben Sie die Besonderheiten der polnischen Verfassung und erläutern Sie die Gründe dafür, dass man in Polen der Verfassung mit einem Nationalfeiertag gedenkt.
b) ● ● ● Untersuchen Sie die Deutung der Verfassung, die in dem Gemälde von Jan Matejko (M1) zum Ausdruck gebracht wird.
c) ● ● ● Setzen Sie sich mit dem Vorschlag der Botschafter Kozłowska und Kušlys (M4) auseinander, die Maiverfassung von 1791 könne das gegenwärtige Europa inspirieren.
d) ● ● ● Recherchieren Sie, wie gegenwärtig der Verfassungstag in Polen begangen wird.
→ Text, M1, M3, Internet

Der 9. November in Deutschland

Der 9. November – Ein besonderes Datum der deutschen Geschichte

Kein anderer Tag in der deutschen Geschichte ist so „merkwürdig" wie der 9. November. Über Generationen hinweg waren immer wieder bedeutsame historische Ereignisse mit diesem Datum verbunden, sodass es rückblickend als eine Art „Schicksalstag der Deutschen" erscheint. Der 9. November gemahnt einerseits an Unrecht, Unmenschlichkeit und Verbrechen, andererseits steht er aber auch für Demokratie und Emanzipation. Nachfolgend werden einige Ereignisse der jüngeren deutschen Geschichte dargestellt, die zu diesem Datum gehören.

9.11.1848: Hinrichtung des Politikers und Publizisten Robert Blum (1807–1848), der als Akteur des Paulskirchenparlaments ein Vordenker und Wegbereiter einer freiheitlich-demokratischen Grundordnung war. Blum gilt als eine zentrale Gestalt der deutschen Demokratie- und Freiheitsgeschichte. Seine Erschießung symbolisiert die gescheiterte Revolution von 1848/49.

9.11.1918: Demokratische Revolution in Berlin mit Ausrufung einer deutschen Republik durch den SPD-Politiker Philipp Scheidemann. Die ebenfalls an diesem Tag von Karl Liebknecht ausgerufene sozialistische Republik konnte sich nicht durchsetzen; der kommunistisch geprägte Spartakusaufstand wurde niedergeschlagen. Als Ergebnis der Novemberrevolution entstand mit der Weimarer Republik die erste deutsche Demokratie.

9.11.1923: Im Hitler-Ludendorff-Putsch versuchten die Nationalsozialisten von München aus die Republik zu stürzen. Der Putschversuch scheiterte, Hitler wurde zu fünf Jahren Festungshaft verurteilt, jedoch nach nur neun Monaten wieder entlassen. In der NS-Zeit wurde der 9. November zu einem nationalsozialistischen Gedenktag.

9.11.1938: Vor allem SA-Truppen führten in der Nacht vom 9. auf den 10. November 1938 gewalttätige Übergriffe auf die jüdische Bevölkerung Deutschlands aus. Dabei wurden zahllose Wohnungen verwüstet, mindestens 8000

M 1 *Erschießung des Revolutionärs Robert Blum am 9. November 1848 bei Wien* Kolorierte Lithografie von A. Fay, um 1848/49

M 2 *Novemberrevolution* Foto, Berlin, 9. November 1918

M 3 *Hitlerputsch* „Stoßtrupp" der NSDAP in München am 8./9. November 1923, Foto

M 4 *Reichspogromnacht*
Brennende Synagoge in Eberswalde (Brandenburg) während der November-
pogrome 1938. Die systematische Zerstörung fast aller Synagogen in
Deutschland vollzog sich vor den Augen der deutschen Öffentlichkeit,
Foto, 9./10.11.1938.

M 5 *Fall der Mauer*
Berliner erklettern noch in der Nacht des 9. November die Mauer vor dem
Brandenburger Tor, Foto.

Geschäfte zerstört sowie 1200 Synagogen niedergebrannt. Etwa 100 Jüdinnen und Juden wurden getötet. Die brutalen Übergriffe in der Reichspogromnacht gelten als Wendepunkt der nationalsozialistischen Judenverfolgung in Deutschland.

9.11.1989: Während einer Pressekonferenz verkündete das DDR-Politbüro-Mitglied Günter Schabowski überraschend die Öffnung der Mauer. Zur neuen Reiseregelung für DDR-Bürger erklärte Schabowski auf Nachfrage, dass diese „unverzüglich" in Kraft trete. Unmittelbar darauf begaben sich Tausende Ostberliner an einen Grenzübergang nach Westberlin (Bornholmer Straße), der schließlich von den Grenzsoldaten geöffnet wurde: Die Mauer war gefallen.

Diese Daten stellen nur eine Auswahl dar. Recherchiert man im Internet, so lassen sich zahlreiche weitere Ereignisse finden, die an einem 9. November stattgefunden haben.

Der 9. November – Gedenk- und Feiertag?

Der 9. November ist ohne Zweifel ein Tag des Gedenkens. Zum nationalen Feiertag wurde er indes nicht bestimmt: In der politischen Auseinandersetzung 1990 setzte sich der 3. Oktober gegenüber dem 9. November durch. Zur Diskussion standen zudem der 17. Juni als „Tag der deutschen Einheit", der in der alten Bundesrepublik Nationalfeiertag war, der 23. Mai als Verfassungstag, an dem 1949 das Grundgesetz verkündet wurde, und der 7. Oktober, an dem die DDR den Tag der Republik feierte. Zwar wäre der 9. November als Tag des Mauerfalls auch ein mögliches Datum für einen Nationalfeiertag gewesen, jedoch ist der Tag aufgrund des Hitler-Ludendorff-Putsches von 1923 und der Novemberpogrome von 1938 historisch zu sehr belastet.

1. a) ●●● Recherchieren Sie zu den genannten Ereignissen des 9. Novembers und ordnen Sie diese in den Kontext der jüngeren deutschen Geschichte ein.
b) ●●○ Arbeiten Sie die Argumentation der Historikerin Tworek und dem Historiker Weber (M6) heraus und stellen Sie dar, warum der 9. November nicht als Schicksalstag der Deutschen angesehen werden sollte.

c) ●●● Untersuchen Sie, wie im letzten Jahr der Ereignisse des 9. Novembers gedacht wurde.
d) ●●● Entwickeln Sie ein Konzept zum Umgang mit dem 9. November als deutschem Gedenktag.
→ Text, M1 – M6, Internet

Der 9. November in Deutschland

 M 6   Das Märchen vom Schicksalstag

Die Historikerin Heidi Tworek und der Historiker Thomas Weber führen Folgendes zum 9. November aus:

Der 9. November ist der „Schicksalstag" der Deutschen, so die Stilisierung der Sinnstifter der Berliner Republik. Er sei ein kritischer Nachdenktag über die Vergangenheit, der die Genese des modernen, demo-
5 kratischen Deutschlands erkläre und Demokratie lehre. Alles sehr ehrenwert, in Wahrheit jedoch vermittelt der „Schicksalstag" ein politisch genehmes, wissenschaftlich zweifelhaftes Geschichtsbild, das im Jahr 2014 zu immer mehr geschichtspolitischen und
10 gesellschaftlichen Spannungen führt.
Die 9. November der Jahre 1848, 1918, 1923, 1938 und 1989 werden von den Volkspädagogen Deutschlands in eine Reihe gestellt, als ob die jeweiligen Ereignisse rein zufällig am 9. November vom Himmel geregnet
15 seien, oder als ob deren Aneinanderreihung unweigerlich und gottgegeben sei: Schicksal eben.
Tatsächlich handelt es sich um eine mythenbeladene Inszenierung von Kontinuitäten der deutschen Geschichte durch einflussreiche westdeutsche Ge-
20 schichtsdeuter aus der Dekade [Jahrzehnt] nach dem Fall der Mauer. Hierbei wurde eine Geschichte erzählt, die identitätsstiftend und programmatisch für das neue, vereinte Deutschland sein sollte. In der Form eines Märchens mit Happy End wird die Ge-
25 schichte erzählt, wie Deutschland nach dem Sündenfall endlich am Ziel, im Westen, angekommen sei. Doch diese Geschichte steht mit den Lebenserfahrungen vieler Ostdeutscher in Konflikt und listet den 9. November 1989 nur „unter ferner liefen".
30 Auch steht sie in Opposition zu neueren Ergebnissen der historischen Forschung. Sie suggeriert deutschen Schülern die vermeintlich wichtigsten Wendepunkte der deutschen Geschichte und verstellt den Blick auf ebenso bedeutende Wendepunkte. Ferner ist sie mit
35 ihrem Glauben an das Primat der Strukturgeschichte, die gelegentlich von großen Wendepunkten unterbrochen wird, blind dafür, dass die größten Veränderungen nicht nur durch große Ereignisse geschehen. Viel öfter sind viele der wichtigsten Transformation
40 Resultat des kumulativen Effekts einer Unzahl kleiner und inkrementeller [schrittweise erfolgender] Veränderungen, Entscheidungen und sozialer Interaktionen, die unter dem Deckmantel scheinbarer Stabilität oder Stasis [Stillstand] stattfinden. Das Resul-
45 tat: Der Fokus auf die 9. November der Jahre 1848,

1918, 1923, 1938 und 1989 bringt ein historisch arg fragwürdiges Narrativ [Geschichtserzählung] über das Entstehen des modernen Deutschlands hervor. Noch bedenklicher ist, dass unter den Teppich ge-
50 kehrt wird, dass der 9. November als Schicksalstag der Deutschen eine Inszenierung der NS-Propaganda ist. Schon in den Zwanzigerjahren sprach Hitlers Chefideologe Alfred Rosenberg vom 9. November als „Schicksalstag". In seiner Endform bestand er aus ei-
55 ner Aneinanderreihung der 9. November der Jahre 1918, 1923 und 1938. Der 9. November als Schicksalsdatum der Deutschen ist also weder gott-, noch zufall-, sondern nazigegeben.
Nun fiel die Ausrufung der Revolution 1918 rein zu-
60 fällig auf den 9. November. Hitlers Putsch am 9. November 1923 und Goebbels Reichspogromnacht am 9. November 1938 benutzten hingegen ganz bewusst die Symbolkraft des Tages der Novemberrevolution, um für ein Deutschland zu mobilisieren, das den
65 9. November 1918 ungeschehen machen würde.
Sowohl der 9. November 1923 als auch der 9. November 1938 markieren im Grunde nationalsozialistisches Scheitern. Hier des ersten Machtergreifungsversuchs, dort der bisherigen Judenpolitik.
70 NS-Propagandisten interpretierten beide Daten aber geschickt um in Symbole der nationalsozialistischen Hoffnung; sie sollten lehren, Hitlers neues Deutschland leidenschaftlicher und entschiedener zu unterstützen.
75 Die NS-Choreographie der Inszenierung des 9. Novembers als Schicksalstag der Deutschen war ähnlich wirkungsmächtig wie die der Filme Leni Riefenstahls. Und wir sitzen bis heute in weiten Strecken der nationalsozialistischen Choreographie des 9. Novembers
80 auf.
Keine Frage: Die Ziele der 9. November-Sinnstifter der Neunzigerjahre sind ehrenwert, die der Sinnstifter der Nationalsozialisten finster. Dennoch handelt es sich in beiden Fällen um Instrumentalisierungen
85 des 9. Novembers als Schicksalstag der Deutschen. Und beide Narrative sind voller Mythen.

3. Oktober – Tag der Deutschen Einheit

M 1 Friedliche Revolution
Massendemonstration in Ostberlin, Foto, 4. November 1989

Der Weg zur Einheit

Der Vereinigung der beiden deutschen Staaten ging die Friedliche Revolution in der DDR 1989 voraus. Unter den Schlagworten „Glasnost" und „Perestroika" setzte Michail Gorbatschow als Generalsekretär der sowjetischen kommunistischen Partei ab 1986 eine neue Politik der Offenheit um und ermöglichte weitreichende politische Reformen in den Staaten des Warschauer Pakts. Ab Spätsommer 1989 kam es besonders in Leipzig zu immer größeren Versammlungen und Protestzügen, den Montagsdemonstrationen. Die Menschen auf der Straße forderten po-

litische Reformen sowie Reise-, Versammlungs- und Vereinigungsfreiheit. Die Forderung nach politischer Mitbestimmung wurde besonders in dem Ruf „Wir sind das Volk!" deutlich gemacht. Nach dem Mauerfall am 9. November änderte er sich zu „Wir sind ein Volk!". In dieser Umformung wurde der lange nicht für möglich gehaltene Wunsch nach einer deutschen Einheit zum Ausdruck gebracht. Möglich und beschleunigt wurde der Weg zur Einheit durch die Volkskammerwahl am 18. März 1990. Aus der ersten freien Wahl in der DDR gingen die Parteien der „Allianz für Deutschland" mit der CDU als stärkster Kraft als Sieger hervor. Diese Allianz stand für eine schnelle Wiedervereinigung und die Einführung der sozialen Marktwirtschaft. Des Weiteren klärten die USA, Großbritannien, Frankreich und die Sowjetunion als Siegermächte des Zweiten Weltkriegs in den Zwei-plus-Vier-Gesprächen mit den beiden deutschen Staaten die nötigen außenpolitischen Fragen und die Bündniszugehörigkeit eines gesamtdeutschen Staates. Besonderes Augenmerk lag in diesem Verhandlungen auf der Haltung der Sowjetunion. Gorbatschow gab seine Zustimmung zur Deutschen Einheit und ließ zu, dass ein vereinigtes Deutschland seine volle und uneingeschränkte Souveränität erhalten solle. Auch stimmte er der NATO-Mitgliedschaft zu.

Wirtschaftlich wurde die Einheit am 18. Mai 1990 durch den Vertrag über die Schaffung einer Wirtschafts-, Währungs- und Sozialunion vorbereitet. Der Vertrag führte dazu, dass die DDR ab dem 1. Juli 1990 im Wesentlichen die Wirtschafts- und Rechtsordnung der Bundesrepublik Deutschland einführte und die D-Mark das einzige Zahlungsmittel in der DDR wurde. Es folgte am 23. August 1990 der Beschluss der Volkskammer, dem Geltungsbereich des Grundgesetzes nach Art. 23 des Grundgesetzes der Bundesrepublik beitreten zu wollen. Am 31. August 1990 wurde der „Vertrag zwischen der Deutschen Demokratischen Republik und der Bundesrepublik Deutschland über die Herstellung der Einheit Deutschlands", abgekürzt als „Einigungsvertrag", unterzeichnet und damit die Auflösung der DDR durch ihren Beitritt zur Bundesrepublik Deutschland geregelt. Am 3. Oktober 1990 trat die DDR der Bundesrepu-

M 2 „Wir sind ein Volk"
Demonstrant in Ostberlin, 9. Dezember 1989

blik Deutschland bei und der Prozess der Wiedervereinigung kam auf diese Weise zu seinem formalen und rechtlichen Abschluss.

Der 3. Oktober als Tag der Deutschen Einheit

Im Einigungsvertrag setzte man in Artikel 2,2 fest: „Der 3. Oktober ist als Tag der Deutschen Einheit gesetzlicher Feiertag." Die Festlegung auf den 3. Oktober als gesetzlichen nationalen Feiertag führte zum Wegfall der bisherigen nationalen Feiertage. In der Bundesrepublik gedachte man am Tag der Deutschen Einheit am 17. Juni des Volksaufstandes in der DDR am 17. Juni 1953, in der DDR beging man am 7. Oktober den Tag der Republik.

Als nationaler Feiertag war der 9. November, also der Tag des Mauerfalls, in der Diskussion. Allerdings fällt dieser Tag unter anderem auch auf die Reichspogromnacht von 1938, sodass man sich gegen den 9. November entschied. So wurde der Tag, an dem die deutsche Einheit Wirklichkeit wurde, zum einzigen gesetzlichen gesamtdeutschen Feiertag, der durch ein Bundesrecht geregelt ist. Die übrigen Feiertage sind Ländersache. Ungeachtet dieser Festlegung reißen die Kontroversen um den 3. Oktober als nationalen Feiertag nicht ab.

Gefeiert wird der Tag der Deutschen Einheit bundesweit, indem vor dem Reichstagsgebäude in Berlin und an den obersten Bundesbehörden und den dazugehörigen Körperschaften, Anstalten und Stiftungen des öffentlichen Rechts Flaggen gehisst werden. Die offizielle Feier findet in der Landeshauptstadt desjenigen Bundeslandes statt, das im laufenden Jahr den Vorsitz im Bundesrat besitzt. Durch die Feiern will man die staatliche Einheit festigen und das Zusammengehörigkeitsgefühl der Deutschen fördern. Ob und inwieweit diese Vorhaben tatsächlich umgesetzt wurden und umzusetzen sind, wird jedes Jahr aufs Neue diskutiert.

M 3 *„Uff!"*
Karikatur von Rolf Henn, 5.10.1990

M 4 *„Tag der Deutschen Einheit" 2017*
Die Flaggen der 16 deutschen Bundesländer wehen am Tag der Deutschen Einheit im Tal der Loreley in Rheinland-Pfalz, Foto, 3.10.2017

1. ●●○ Stellen Sie dar, wie der 3. Oktober als Tag der Deutschen Einheiten zum nationalen Feiertag wurde.
→ Text, M1 – M4, Internet

3. Oktober – Tag der Deutschen Einheit

 M5 **Kritiken am Tag der deutschen Einheit**

a) Die Schriftstellerin Julia Schoch erläutert in einer Rede am 3. Oktober 2021, warum der Tag der deutschen Einheit keinen verbindenden Einheitsmythos darstellt:

Vor ein paar Jahren schon hat der Historiker Martin Sabrow geschrieben: Die Einheit hat an Pathos, aber auch an Empörungskraft verloren. Der 3. Oktober ist eher ein Staatsfeiertag anstatt ein Nationalfeiertag,
5 in dem sich die Menschen mit ihrer Lebensgeschichte gespiegelt sähen.
Auch wenn dieser Tage die gemeinsame Erinnerung natürlich oft beschworen wird. In Wahrheit aber hat das Erinnern weder etwas Verbindliches noch etwas
10 Verbindendes. Im Gegenteil, es beweist das Ausmaß unserer Einsamkeit. Das weiß jeder, der mit seiner Gattin oder den Kindern über die Urlaubsreise vor zehn Jahren sprechen will. Von jedem Ereignis gibt es mindestens eine weitere Version, die die eigene viel-
15 leicht nicht hinfällig macht, aber doch frustrierend relativ wirken lässt.
Es ist klar: Allein schon die Unterschiedlichkeit des jeweiligen biografischen Moments, in dem das Ereignis der 89er-Revolution und der Einheit von den
20 Menschen erlebt wurde, macht es unmöglich, ein ganzes Volk auf ein gemeinsames Gefühl einstimmen zu wollen. Für den einen war es der lang ersehnte Traum, für den anderen ein gescheitertes Utopieprojekt, für den dritten eine beängstigende Vorstellung,
25 und die allermeisten hatten sich gar nichts gedacht. Allein aus diesem Grund kann es keinen verbindlichen Einheitsmythos geben. Aber hier geht es, glaube ich, noch um eine andere Entwicklung. Vergrößert man das eingangs erwähnte Familienbild auf die Ge-
30 sellschaft, ließe sich sagen: Kohärente oder wenigstens minimal kohärente Gesellschaften sind solche, die bei allen Meinungsverschiedenheiten zu Omas Neunzigstem doch zuletzt gemeinsam an einem Tisch sitzen und einen Grund zum Feiern sehen.
35 Viele Indizien sprechen dafür, dass immer weniger Menschen Lust dazu haben. Sie sehen keinen Grund, es zu tun. Nicht etwa aus historischer Scham, wie ich sie in meiner Feierunwilligkeit vor dreißig Jahren verspürt habe. Nein, sie finden sich nicht mehr im
40 Album, sie vermissen ihr Foto, sie kommen ihrer Meinung nach nicht vor in der Erzählung. Wenn jeder nur noch sich und seinen Bedürfnissen gegenübersteht, wenn jeder auf seine persönliche Freiheit pocht, verschwindet das Gegenüber, der Andere. Zu
45 unterschiedlich und in sich zerklüftet die „Gesellschaft", die schon lange nur noch in Anführungszeichen gedacht werden kann, zu vereinzelt die Hoffnungen, die Absichten und Enttäuschungen. [...]
Und so erinnert mich dieser Tag daran, dass es neben
50 der ewigen Finanzfrage – dem jahrzehntelangen Geschwätz von den Kosten der Einheit – eine viel wichtigere gibt, die sich in keine Statistik zwängen lässt: Was halten wir für unverzichtbar in unser aller Leben außer dem Geld? Was überhaupt ist der Kitt in einem
55 Land, was hält es zusammen?

Julia Schoch: „Warum der 3. Oktober keinen verbindenden Einheitsmythos mehr darstellt"; in: Berliner Zeitung (03.10.2021); https://www.berliner-zeitung.de/wochenende/warum-der-3-oktober-keinen-verbindenden-einheitsmythos-mehr-darstellt-li.185783 [letzter Zugriff: 01.08.2024].

b) Roland Jahn, der letzte Bundesbeauftragte für die Unterlagen des Staatssicherheitsdienstes der DDR, äußert sich in einem Interview zu deutschen Gedenktagen am 17. Juni 2020:

Herr Jahn, heute jährt sich der Volksaufstand in der DDR vom 17. Juni 1953. Das historische Ereignis droht in Vergessenheit zu geraten. In der Bundesrepublik war dies der Nationalfeiertag und bis
5 **1990 der Tag der deutschen Einheit. Welche Bedeutung hat dieser Gedenktag heute noch?**
Jahn: Für mich ist der 17. Juni 1953 immer noch einer der wichtigsten Gedenktage in Deutschland. Gerade im dreißigsten Jahr der Deutschen Einheit ist er von
10 besonderer Bedeutung. Die Ereignisse dieses Tages, die Niederschlagung des Volksaufstandes, machen deutlich, dass Freiheit und Demokratie keine Selbstverständlichkeiten sind. Wir sollten auch heute immer noch neu daran erinnern.
15 Menschen haben das errungen, dass wir heute in einem freien und geeinten Deutschland leben. 1953 wurde der Ruf nach Freiheit und Selbstbestimmung laut. Diese Bewegung führte dann zum Volksaufstand. Damals am 17. Juni 1953 hat begonnen, was 1989 mit
20 der Friedlichen Revolution vollendet worden ist. Die Friedliche Revolution steht in der Tradition des 17. Juni. Das macht Hoffnung, dass Unrecht und Unfreiheit überwunden werden können, wenn es auch manchmal sehr lange dauert. In Deutschland könnten
25 wir uns auch stärker auf die positiven Momente der deutschen Demokratiegeschichte besinnen.
Daran wird aber kaum noch erinnert ...
Jahn: Ich würde mir wünschen, dass wir aus diesem Tag heute und in Zukunft mehr machen. Der 17. Juni

30 sollte ein Tag der lebendigen Demokratie werden. Er sollte genutzt werden, um offene Debatten über unsere Demokratie zu führen. Man könnte ihn auch wieder zu einem Feiertag machen. Der 3. Oktober ist ein Tag, an dem ein Vertrag in Kraft getreten ist. Der 35 17. Juni ist der wirkliche Feiertag und als Gedenktag wichtiger als der 3. Oktober. Er darf nicht in Vergessenheit geraten. Der 17. Juni ist der Tag, an dem Menschen aufgestanden sind und für ihre Freiheitsrechte gekämpft haben. Das sollten wir gerade in Deutsch- 40 land würdigen. Am Ende sind die Forderungen der Menschen, die beim Volksaufstand 1953 auf die Straße gegangen sind, verwirklicht worden.

Roland Jahn, Andreas Herholz: „Der 17. Juni ist als Gedenktag wichtiger als der 3. Oktober". Interview mit der Rhein-Neckar-Zeitung – Heidelberger Nachrichten (17.06.2020), Bundesarchiv Stasi-Unterlagen-Archiv, Berlin; zit. n.: https://www.stasi-unterlagen-archiv.de/ueber-uns/der-bundesbeauftragte/interviews/der-17-juni-ist-als-gedenktag-wichtiger-als-der-3-oktober/ [letzter Zugriff: 01.08.2024].

M 6 „Ossi – Wessi"
Karikatur von Hans-Jürgen Starke, 1991

M 7 *„Tag der Deutschen – Einheit"*
Karikatur von Schwarwel, 2015

1. a) ●●● Setzen Sie sich mit der Aussage Schochs (M5a) auseinander, dass der Tag der deutschen Einheit keinen verbindenden Einheitsmythos darstellt.
b) ●●● Erörtern Sie folgende These Jahns (M5b): „Der 17. Juni ist der wirkliche Feiertag und als Gedenktag wichtiger als der 3. Oktober."
c) ●●● Analysieren Sie die Karikaturen M3, M6 und M7 und nehmen Sie Stellung zu den jeweiligen Intentionen der Karikaturisten.
→ Text, M1–M7